Brigitte Lehmann (Hg.)

DASS DIE FRAU ZUR FRAU ERZOGEN WIRD

Frauenpolitik und Ständestaat

Löcker

Gedruckt mit freundlicher Unterstützung des Bundesministeriums für Wissenschaft undForschung, der Kulturabteilung der Stadt Wien, MA 7, Abteilung Wissenschaft und Forschung, der Frauenabteilung der Stadt Wien, MA 57, sowie Fraktion Sozialdemokratischer GewerkschafterInnen der MitarbeiterInnen der AK Wien.

Frauen MA57
StaDt ⚔ Wien

© Erhard Löcker GesmbH, Wien 2008
© Coverbild: VGA/AZ – Fotoarchiv
Herstellung: Gemi s.r.o., Prag
ISBN 978-3-85409-437-1

Inhaltsverzeichnis

Brigitte Lehmann
Einleitung											7

Irene Bandhauer-Schöffmann
Gottgewollte Geschlechterdifferenzen						15

Siegfried Mattl
Austrofaschismus, Kulturkampf und Frauenfrage				63

Irmtraut Karlsson
Der tiefe Sturz										79

Neda Bei
Krampus, Gott, Führer									99

Dieter J. Hecht
Jüdische Frauen im Austrofaschismus						153

Karin Liebhart
Vom Wesen der Frau									177

AutorInnen										181

Brigitte Lehmann

Einleitung

1933 begrüßte die KFO, die Katholische Frauenorganisation, die Ausschaltung des Parlaments und die Errichtung des autoritären Ständestaates. Die katholischen Frauenverbände in Österreich traten geschlossen der Vaterländischen Front bei. Über das Mutterschutzwerk und das dem Generalsekretariat der Partei angeschlossene Frauenreferat wurden sie in die Vaterländische Front integriert. Die damit verbundene Hoffnung der christlichsozialen Politikerinnen auf Partizipation an der Macht wurde allerdings enttäuscht. Mit der Zerstörung der parlamentarischen Demokratie ging eine weitgehende Entrechtung der Frauen einher. Das austrofaschistische Regime schloss Frauen aus politischen Positionen aus.
Fast sieben Jahrzehnte später ist es den Konservativen in Österreich gelungen, damals unerfüllte Frauenwünsche zu erfüllen. Das bürgerliche Lager punktete unter der schwarz-blauen Koalitionsregierung damit, dass Frauen in einem Ausmaß wie nie zuvor höchste Ämter erreichen konnten. Was bedeutet es, wenn das Emanzipationsthema von konservativer Seite aufgegriffen wird? Welche Mentalitätstraditionen prägen das neokonservative Frauenbild? Wie läßt sich das neokonservative Rollenbild historisch rekonstruieren, welche gesellschaftlich relevanten Muster, Bilder werden prägend wieder gestaltet? Welche Relevanz haben sie für heutige gesellschaftspolitische Frauenbilder?
Die Vorstellungen der bürgerlichen Frauenpolitikerinnen der 1930er Jahre von Gleichberechtigung von Mann und Frau erscheinen seltsam widersprüchlich. Zugleich mit der Forderung nach politischer Gleichberechtigung, entsprachen die von Dollfuß beschworene rückwärtsgewandte Utopie einer

einfach strukturierten, patriarchalisch-hierarchischen, bäuerlichen Gesellschaft und der Kulturkampf der Austrofaschisten gegen die Liberalisierung der gesellschaftlichen Normen dem Antimodernismus der katholischen Frauenbewegung. Die christlichsozialen Politikerinnen der Ersten Republik haben sich als Vertreterinnen von frauenspezifischen Interessen verstanden und bei bestimmten Anlässen durchaus Bündnisse mit den Sozialdemokratinnen geschlossen. Wenn auch gelegentlich dementiert, sehr wohl interessiert an führenden politischen Positionen und politischem Einfluss, um ihre Interessen durchzusetzen, wie etwa die Eröffnung von Berufsmöglichkeiten für Frauen, vor allem in intellektuellen Berufen und den Zugang zu höherer Bildung für Mädchen. Die parteienübergreifende Frauensolidarität endete allerdings Anfang der 1930er Jahre.[1]

Frauen strömten in die Fabriken und Büros, sie wurden Verkäuferinnen und Friseurinnen. Industrialisierung hat auch die Hausarbeit verändert. Auch in anderen Ländern sind junge Frauen zunehmend weniger daran interessiert, Hausfrauen zu werden oder Hausarbeit zu machen. Auch die Bereitschaft junger Mädchen, in privaten Haushalten als Hausgehilfinnen zu arbeiten, wurde immer geringer. So etwa beklagt die *Neue Freie Presse* im November 1935 »Gegenwärtig übersteigt die Nachfrage das Angebot nach dem ›Mädchen für Alles‹«. Umso bemerkenswerter, als Haushalte, die vor einigen Jahren noch Stubenmädchen und Köchin beschäftigt haben, gegenwärtig ohnehin ohne Personal bestritten wurden. Sogar berufstätige Frauen müßten »neben ihren Berufspflichten auch noch die Lasten des Haushaltes allein und ohne Hilfe bewältigen«. Selbst auf die Mädchen, die »vom Land« kommen, übe der Beruf Hausgehilfin immer weniger Reiz aus.
Die katholische Frauenbewegung sah die moderne Hausfrau zerrieben zwischen Erwerbsarbeit und Haus- und Familienarbeit. Die Lösung wurde in der Rückkehr zu traditionalistischer Produktionsweise in Haus und Hof – als vorindustrielle

Hausherrin – gesehen. Am Bauernhof, in der wirtschaftlichen Einheit des ganzen Hauses sahen die Katholikinnen die wirkliche »Hausmutter«, die Frau als »Königin in ihrem Reich«.[2] Ein anachronistisch erscheinender Gedanke in einer Zeit, in der das Haus als Produktionseinheit durch die kapitalistische Entwicklung längst obsolet und in seine Teile zerlegt worden war.

Während für die Katholische Frauenbewegung Beruf und bedürfnisorientierte Familienarbeit unvereinbare Bereiche waren, gab es (nicht nur) von sozialdemokratischer Seite Initiativen, Hausarbeit zu rationalisieren: Moderne Küchen, neue Architektur, technische Hilfsmittel, Gemeinschaftseinrichtungen. In der sozialdemokratischen Wochenzeitschrift *Die Unzufriedene* findet sich 1925 eine lebhafte Auseinandersetzung zum Verhältnis von jungen Frauen zu Hausarbeit. Thematisiert wird, dass heranwachsende Töchter nur mehr sehr schwer und unter großem Protest zu häuslicher Arbeit heranzuziehen sind. Gründe sind der Kampf um freie Zeit, außerdem zeigten Mädchen und junge Frauen plötzlich einen deutlichen Widerwillen gegen jede Art von häuslicher Betätigung. Als tiefere Ursache für diese Abkehr von der Häuslichkeit wird nicht nur die dauernde Überbeanspruchung der Frau, die im Allgemeinen auch bei Berufsausübung den Haushalt führte, gesehen. Es geht auch um das »neue« Frauenbild. Die »alte Frau« erspare dem Mann durch ihre Wirtschaftsführung soviel wie die »neue Frau« verdiene. Aber die eine sei abends missgelaunt, während die andere froh und freudig heimkomme. Daher, so die Schlussfolgerung, seien Einküchenhaus und Säuglingsheim die Ziele der jungen Ehepaare, vor allem der Frauen. Nicht unwidersprochen, wie wütende Briefe – dass man die Faulheit der jetzigen Mädchengeneration unterstütze – hauptsächlich von Lesern, aber auch von Leserinnen zeigen. Die Antwort in der *Unzufriedenen* – eine Frage: »...kann ein gerecht denkender Mensch annehmen oder wollen, dass die Frauen in alle Ewigkeit dazu ausersehen sein sollen, doppelte Arbeit zu leisten?«

Die Institutionalisierung von Mutterkult im Ständestaat, nationalsozialistische wie faschistische Antiemanzipationsstrategie, entsprach der Pathetisierung, der euphorischen Überhöhung von Mutterschaft durch die konservativen Politikerinnen. Mit der Vorstellung von »gottgewollter« Arbeitsteilung zwischen Männern und Frauen in den getrennten Bereichen Produktion und Reproduktion, stimmten sie überein. Allerdings sollte das Prinzip der Mütterlichkeit – als Wesensbestimmung der Frau, auch der kinderlosen – über die Intimität der Familie hinaus wirksam sein, ergänzend und gleichwertig in allen gesellschaftlichen Bereichen, auch im kulturellen, beruflichen und politischen Leben. Was durch Technisierung, männliche Zivilisation und Naturenfremdung ausgegrenzt zu werden drohte, sollte durch weiblichen Kultureinfluss aufgehoben werden.

Die Vaterländische Front war nicht attraktiv genug, um speziell Frauen zur Mitarbeit zu motivieren. Das 1934, nach italienisch/faschistischem Vorbild gegründete Mutterschutzwerk (MSW), das als »Frontwerk« der Vaterländischen Front geführt wurde, arbeitete wenig erfolgreich, außer in Wien, wo die katholischen Organisatorinnen die ehemaligen sozialdemokratischen Einrichtungen übernehmen konnten.

Bei den letzten demokratischen Wahlen 1932 in Österreich zeigte sich, dass die zuvor unbedeutende und mehrheitlich von Männern gewählte NSDAP auch auf Frauen eine beachtliche Wirkung ausübte.

An der Spitze der politisch organisierten Katholikinnen standen Frauen des Hochadels. Von 1925 bis 1935, der Eingliederung der katholischen Frauenverbände in die Katholische Organisation, war Fürstin Fanny Starhemberg, christlichsoziale Politikerin und Präsidentin der katholischen Reichs-Frauenorganisation, die Führungsfigur der katholischen Frauenbewegung. Sie galt als bedeutende Exponentin des autoritären christlichen Ständestaates und als »Platzhalterin«, Protege für ihren ältesten Sohn, den späteren Heimwehrführer Ernst Rüdiger Starhemberg.

Einleitung 11

Zu ihren Hauptanliegen gehörte die Hoffnung auf einen baldigen Ausgleich der »unerfüllt gebliebenen Wünsche« der Frauen.[3] Ihre Hoffnung, in den Nationalrat zu kommen, wurde allerdings nicht erfüllt. Am 10. November 1935 schreibt Fanny Starhemberg in der *Neuen Freien Presse*, dass es nur gerecht wäre, vermehrt Geld auch für die weibliche Jugend aufzuwenden, um neben dem freiwilligen Arbeitsdienst verpflichtende Kurse für Hauswirtschaft und religiöse Erziehung für arbeitslose Mädchen einzurichten, nachdem die männliche Jugend durch Schule, Staatsjugend und spätere Bundesdienstpflicht der erzieherischen Befürsorgung unterstellt ist. Die Frau müsse mit ihrer ganzen Energie eingreifen, dass bei der Neuformung der Erziehung der Mädchen auf die Veranlagung der weiblichen Eigenart Rücksicht genommen wird, damit die Frau im neuen Österreich wieder eine höhere Würdigung erfährt. Österreichs Frauen legen größtes Gewicht darauf, dass die jungen Mädchen zu dem erzogen werden, was sie einmal sein sollen: »Zu Gattinnen und Müttern, dass sie den Geist der Mütterlichkeit wieder in das soziale Leben hineintragen, dass die Frau zur Frau erzogen wird«.

Ausgangspunkt für das vorliegende Buch ist ein Symposion zum Thema »Frauenpolitik im Ständestaat: Neokonservatives Rollenbild und Ständestaat-Ideologie«, das Ende 2004 in Wien stattgefunden hat. Neben der historischen Aufarbeitung war die zu diesem Zeitpunkt gerade aktuelle politische Auseinandersetzung unter der schwarz-blauen Koalition in Österreich Thema der Veranstaltungsreihe. Die politische Konstellation der konservativen Wende weckte Erinnerungen an den autoritären Ständestaat, Austrofaschismus wurde diskutiert. Ebenso Rückgriffe der zu der Zeit aktuellen Politik auf traditionelle Repräsentationsformen in der Frauenpolitik. Die frauenpolitische Wende in Österreich, die konservative Restaurierung der gesellschaftlichen Rolle der Frau unter der Überschrift »Wohl der Familie« steht allerdings auch in Zusammenhang mit einer internationalen Trendwende, wie die Historikerin Sylvia Hahn auf dem Symposion betonte: »Frauen werden für die Familie, die Wertevermittlung in der Familie und somit das Funktionieren der Gesellschaft verantwortlich gemacht.« Frauen sollen im Widerspruch zu männlichen Karrieremustern für genau die Werte zuständig sein, die durch die neoliberale Entwicklung ausgehöhlt und unterwandert werden.

Die Beiträge:
Irene Bandhauer-Schöffmann analysiert, wie sich die Katholische Frauenorganisation die Neuordnung des Geschlechterverhältnisses im »christlichen Ständestaat« vorstellt hat. Über eine »gottgewollte« Geschlechterdifferenz waren sich Männer und Frauen einig. Mit den politischen Konsequenzen, der einseitigen Auslegung im Sinne männlicher Interessen waren die Katholikinnen allerdings kaum einverstanden.
Siegfried Mattl stellt in seinem Beitrag Frauenpolitik im Austrofaschismus in einen erweiterten Kontext. Frau-sein, Emanzipation in der Ersten Republik war auch verbunden mit einer wichtigen symbolischen Bedeutung für Modernisierung, neue Kultur und die Kultur der Körperbefreiung. Eine kulturelle Ausdifferenzierung der Gesellschaft, in der Kirche und austrofaschistische Machthaber eine eminente Bedrohung sahen.
Irmtraut Karlsson zeichnet an Hand der Beispiele der Sozialwissenschafterinnen Käthe Leichter und Marie Jahoda und der Schulreformerin Elsa Köhler nach, welche Diskussionen und Entwicklungen in den Sozialwissenschaften, im Reproduktionsbereich, wie etwa Vergesellschaftung der Hausarbeit, oder im Bereich der Bildungsmöglichkeiten für Mädchen durch Austrofaschismus und Faschismus verschüttet worden sind.
Neda Bei unternimmt es in ihrem Beitrag, entlang der Themen Maiverfassung von 1934, Akademikerverband CV (Cartellverband) und Führerkult im autoritären Ständestaat dem männ-

Einleitung

lichen Subjekt im Austrofaschismus nachzuspüren. Außerdem aktuelle frauenpolitische Bezüge punktuell zu analysieren, wie etwa in den Auseinandersetzungen im Österreich-Konvent bis Ende 2004.

Daniel J. Hecht beschäftigt sich mit der Vielfalt jüdischen Frauenlebens in kulturellen, politischen, wirtschaftlichen und sozialen Bereichen, in Vereinen und Parteien in den 1920er und 1930er Jahren. Antisemitismus und rechtliche Schlechterstellung von Frauen im katholisch austrofaschistischen Regime machten die Situation von jüdischen Frauen zunehmend prekär.

Karin Liebhart diskutiert strukturelle Ähnlichkeiten tradierter politischer Kulturmuster mit dem Strategie- und Politikwechsel seit der politischen »Wende« im Jahr 2000. Politische und alltagskulturelle Anklänge an ständestaatliche Muster nicht nur hinsichtlich der Konstruktion von Rollenbildern und der symbolischen Überhöhung von Familie

Anmerkungen

1 Gabriella Hauch, Vom Frauenstandpunkt aus. Frauen im Parlament 1919-1933, Wien 1995
2 Irene Bandhauer-Schöffmann, Der »Christliche Ständestaat« als Männerstaat? In: Emmerich Tálos/Wolfgang Neugebauer (Hg.): Austrofaschismus, Wien 2005
3 Gabriella Hauch, 1995, S. 333

Irene Bandhauer-Schöffmann

Gottgewollte Geschlechterdifferenzen

Entwürfe zur Restrukturierung der Geschlechterdichotomie in der Konstituierungsphase des »Christlichen Ständestaats«

In der Konstituierungsphase des Austrofaschismus herrschte Aufbruchstimmung im katholischen Milieu: die Rekatholisierung der Gesellschaft wurde erwartet und Pläne für die Umsetzung des »Christlichen Ständestaates« wurden formuliert. Diese intendierte Rückkehr zu christlichen Wertvorstellungen sollte auch eine Neuordnung des Geschlechterverhältnisses beinhalten, denn konservative KatholikInnen erlebten die Auswirkungen von Säkularisierung und gesellschaftlicher Modernisierung als bedrohlichen Sittenverfall und Gefahr für die katholische Ehe und Familie. Der nachfolgende Artikel analysiert, wie sich die Katholische Frauenorganisation die Neuordnung des Geschlechterverhältnisses in einem sich »christlich« nennenden Staat vorstellte und wie die austrofaschistischen Politiker mit diesen Vorschlägen umgingen. Im katholischen Milieu gingen Frauen und Männer von einer gottgewollten Geschlechterdifferenz aus. Doch darüber, welche politischen Konsequenzen sich aus dieser essenzialistischen Dichotomie ableiteten sollten und wie das Geschlechterverhältnis im neuen katholischen Staat konkret zu gestalten sei, herrschte keine Einigkeit. Die Ideen der Katholischen Frauenbewegung, dem »Mütterlichen« in Politik und Gesellschaft mehr Einfluss zu sichern, stießen auf die von austrofaschistischen Politikern und klerikalen Eliten vertretenen zur Remaskulinisierung der Gesellschaft.

Rekatholisierung als Mittel zur Restrukturierung der Geschlechterdichotomie

Das austrofaschistische Regime, das sich als »Christlicher Ständestaat« bezeichnete, intendierte eine Rekatholisierung der Bevölkerung und räumte der Katholischen Kirche wieder Macht und Einfluss ein, den sie zum Teil mit der Republikgründung und der allgemeinen Säkularisierung verloren hatte. Die ideologischen Gegner der Katholischen Kirche, die Sozialdemokratie einerseits, die eine Trennung von Kirche und Staat intendierte und den öffentlichen Einfluss des katholischen Klerus unter dem Motto ›Religion ist Privatsache‹ begrenzen wollte, sowie andererseits das traditionell kirchenkritische liberale und deutsch-nationale Bürgertum wurden durch das austrofaschistische Regime entmachtet oder in Schranken gewiesen.[1] Das Programm einer Rückkehr zu christlichen Werten und einer Lebensgestaltung, die sich in traditionelle katholische Normen fügen sollte, und der zunehmende Einfluss der Geistlichkeit im öffentlichen Leben wurden von den in der katholischen Frauenbewegung engagierten Frauen auch unter dem Gesichtspunkt einer Veränderung der Frau-Mann-Beziehungen begrüßt. Erwarteten sie sich doch von der Rekatholisierung auch eine Neuordnung der Geschlechterverhältnisse in ihrem Sinne. Katholikinnen gingen davon aus, dass die Gestaltung des Zusammenlebens zwischen den Männern und Frauen durch sozialdemokratisches und liberales Gedankengut Schaden genommen habe und es daher nötig sei, den Prozess der Liberalisierung und Säkularisierung rückgängig zu machen. Im katholischen Milieu war die Position der Frauen als Unterordnung und Aufopfern für andere definiert, das durchaus in einem religiösen Kontext gesehen wurde, denn jede Frau sollten als »Magd des Herrn« einem Marianischen Ideal nacheifern. Nadine Paunovic drückte das in einer Rede, die sie im Oktober 1933 mehrmals vor Wiener und Niederösterreichischen Pfarrgruppen gehalten hatte, so aus:

»Wir katholischen Frauen haben das Priestertum der Liebe zu verkörpern. Es ist, ich möchte sagen, unsere einzige Aufgabe. [...] Maria, die hehre Jungfrau-Mutter, ist uns Führerin und Leiterin in dieser entscheidungsvollen Stunde. Magd des Herrn zu sein, im tiefsten, Marianischen Sinne, ist auch unsere Bestimmung und glühende Sehnsucht.«[2] Emma Kapral endete ihre Rede beim Katholikentag 1933 mit einem Appell an die Frauen, an der »Wiederverchristlichung der Gesellschaft« durch ihre Liebe und Opferbereitschaft mitzuarbeiten und am Marianischen Frauenideal festzuhalten. »Unser Frauenideal sehen wir in der Jungfrau-Mutter, der mütterlichsten Frau, die der Ehefrau und Mutter in gleicher Weise Vorbild ist, wie der jungfräulich lebenden Frau.«[3]

Diese Aufgabenzuweisung an Frauen widersprach Vorstellungen von individuellen Frauenrechten, wie sie die Frauenbewegung im 19. Jahrhundert erkämpft hatte und die mit der Republikgründung zumindest auf einer formalen Ebene verwirklicht worden waren. Die Aufgabe der katholischen Frauen war es, für andere zu leben, das wurde als mütterliches Wesen der Frau bezeichnet und sollte sich entweder in biologischer Mutterschaft oder in sozialer Mutterschaft in pädagogischen oder sozialen – d. h. als weibliche definierten – Berufsfeldern entfalten. Nicht nur in Hinblick auf die Gestaltung des menschlichen Zusammenlebens (in Familie oder im Erwerbsleben) war das katholische Frauenideal eine Opposition zu gesellschaftlichen Modernisierungstendenzen, wie sie sich durch die industrielle Arbeitswelt, die Folgen des Ersten Weltkriegs und die politischen Errungenschaften der Republik durchgesetzt hatten, auch in Hinblick auf den Umgang mit dem eigenen Körper war den Katholikinnen ein selbstbestimmter Umgang verwehrt.

Der Körper war – als ein Geschenk Gottes gedacht – ein Bereich, der, weil er mit Sexualität in Verbindung stand, weitgehend tabuisiert war. Die päpstlichen Enzykliken zur Ehe und Erziehung setzen für katholische Mädchen und Frauen enge Grenzen: Für die katholische Frauenbewegung war die Ehe auf

Seiten der Frau ganz eindeutig ein Opfer, das erbracht werden musste. Selbstbestimmungsrecht, Partnerschaft und sexuelle Lust waren nicht vorgesehen. Mädchen sollten nicht wie Knaben turnen, noch sollten sie Kleidung tragen, die als freizügig oder als die Geschlechterdifferenzen minimierend gesehen wurde. Katholische Mädchen und Frauen sollten sich in ihren Verhaltensweisen nicht an der »Neuen Frau« orientieren, die sich sportlich und selbstbewusst bewegte und deren Kleidung und Haarschnitt unisex waren.[4] Im katholischen Milieu blieb die Betonung der Geschlechterdifferenz das wichtigste Merkmal in der Definition des Frauseins und diese Differenz musste auch äußerlich verkörpert werden: Das Tragen von Hosen (etwa beim Sport) und Bubikopf waren verpönte Zeichen der ideologischen Gegnerinnen.[5] Die Tabuisierung von Körperlichkeit und Sexualität, die in katholischen Mädchenschulen bis lange nach dem Zweiten Weltkrieg gängige Praxis war und Mädchen mit einem Gefühl von Schuld und Scham behaftete, kommt deutlich im Diskurs über die Aufgaben der Frau in der Ehe zum Ausdruck.

Die jungen Frauen vom Konzept opfervoller Mütterlichkeit zu überzeugen war in den 1930er Jahren kein einfaches Unterfangen, denn trotz aller durch die Wirtschaftskrise bedingten Rückschläge waren die Ideen der bürgerlich-liberalen und sozialdemokratischen Frauenbewegung, dass Frauen ein Recht auf Selbstverwirklichung hätten, nicht völlig verschwunden und die fortschrittlichen Lebensentwürfe der 1920er Jahre waren noch erinnerlich und wurden von einer städtischen Konsumkultur propagiert. Die Konkurrenz zu linksgerichteten und bürgerlich-liberalen Frauenorganisationen und in den 1930er Jahren immer mehr auch zu Nationalsozialistinnen, die insbesondere für jüngere Frauen attraktive Modelle zur körperbetonten, sportlichen Selbstverwirklichung präsentierten, bestimmten die Politik und Agitation der Katholischen Frauenbewegung. Nach der Zerschlagung der linksgerichteten Frauen- und Jugendvereine 1933/34 blieben die nationalsozialistischen Frauen- und Jugendgruppen, die zum Teil ganz gezielt Vereine unterwanderten (wie etwa die nicht-kirchlichen Jugendorganisationen oder den Bund österreichischer Frauenvereine) eine starke Opposition gegen die Durchsetzung des katholischen Frauenbildes.[6] Dass diese nationalsozialistischen Gruppen der Jugend gewisse Freiräume zur Selbstorganisation einräumten und somit ein moderneres Konzept der Jugendarbeit verfolgten, erhöhte ihre Attraktivität gegenüber den katholischen Jugendvereinen, die in enger Anbindung an die katholische Frauenbewegung agierten und zur Jugend auch ledige Frauen (wie etwa Dienstmädchen) zählten.[7]

Die Katholische Frauenorganisation reagierte auf die Säkularisierung der Gesellschaft und die Konkurrenz alternativer Frauenideale, die sich nicht mehr religiös bestimmten, bereits in den 1920er Jahren mit der Einführung von »Jungmütterrunden«, die junge Frauen zu Mütterlichkeit im katholischen Sinne erziehen sollten. Diese waren freiwillig und blieben vor Etablierung des Mutterschutzwerkes der Vaterländischen Front auf Personen aus dem katholischen Milieu beschränkt. Frauen, die ihre Lebensgestaltung nicht mehr nach katholischen Normen regelten, blieben ein Problem für die Katholische Frauenbewegung, die es sich zum Ziel gesetzt hatte, vor allem junge Frauen zur richtigen Lebensweise zu bekehren und gegen die Gefahren anzukämpfen, »die durch die Zerrüttung der Ehe und die Flucht vor dem Kinde den sittlichen und physischen Bestand unseres Volkes bedrohen.«[8]

Aus dieser Zielsetzung der Missionierung heraus ist auch die Anfälligkeit für undemokratische Vorgangsweisen bei demokratisch geschulten Funktionärinnen der Katholischen Frauenbewegung zu erklären. Machtstreben der Christlichsozialen Partei, die sich ohne Probleme selbst auflöste und damit den Weg zur faschistischen Einheitspartei »Vaterländische Front« freimachte, und Ideen einer zwangsweisen Rekatholisierung verbanden sich.[9] Auch Frauen, die als

Funktionärinnen der Christlichsozialen Partei tätig gewesen waren – zur damaligen Zeit hatte die Christlichsoziale Partei keine eigenen Basisvereine, sondern stützte sich auf die katholischen Vereine – und die daher demokratische Abläufe aus eigener Erfahrung kannten, hatten keine Bedenken gegen eine zwangsweise Rekatholisierung. Die Ausschaltung des Parlaments und die Errichtung der Einheitspartei der Vaterländischen Front wurden ebenso wenig kritisiert wie die bürokratischen Hindernisse, die das Dollfuß-Regime einem Kirchenaustritt entgegensetzte. Gegen die Abschaffung demokratischer Regeln wandten sich die Funktionärinnen der katholischen Frauenbewegung erst, als ihre eigenen Frauenvereine 1935 rigider Kontrolle des Klerus unterstellt wurden.[10] Der Protest der Katholischen Frauenorganisation für die Erzdiözese Wien gegen die Unterstellung ihres traditionsreichen Frauenvereines unter klerikale Kontrolle blieb aber der einzige Protest gegen undemokratische Restrukturierungen im Austrofaschismus. Und auch in diesem Fall erhoben nicht alle Funktionärinnen gegen die Übernahme eines weitgehend selbstständigen Frauenvereins ihre Stimme.

Die Akzeptanz für Anordnungen von oben war groß, denn Katholikinnen waren gewohnt, dass die Regeln für ein katholisches Leben sich aus den päpstlichen Anordnungen ableiteten. Wer sich im Recht bzw. im rechten Glauben wähnte und sicher war, dass in der Rückkehr zum katholischen Glauben und katholischer Lebensführung der Schlüssel für die »Gesundung« der Gesellschaft lag, der konnte bei der Wahl der Mittel nicht zimperlich sein.[11] Die Katholikinnen, die in den katholischen Frauenvereinen aktiv waren, protestierten nicht gegen die Abschaffung der Demokratie, sie protestierten sehr wohl aber gegen eine – wie sie meinten – einseitig männliche Auslegung des »Christlichen Ständestaates«. Frauen verbanden mit der intendierten Rekatholisierung der Gesellschaft, die sich auf die Päpstliche Enzyklika »Quadragesimo anno« berief, andere Inhalte als Männer im katholischen Milieu, weil sie die

Geschlechterdichotomie anders auslegten und Frauen nicht nur auf Häuslichkeit beschränken wollten. Katholikinnen wandten sich also nicht gegen die Ziele des austrofaschistischen Regimes, sie wandten sich aber sehr wohl mit Vehemenz gegen die Umsetzung, die sie bereits im Juli 1934 in der Frauenzeitschrift der Katholischen Frauenorganisation für die Erzdiözese Wien sehr drastisch als »Halbheit und Missbrauch mit dem Worte ›christlich‹« kritisierten.[12]

Die angestrebte Rekatholisierung der Gesellschaft war für Katholikinnen und Katholiken eine Frage des Überlebens: durch die Bekehrung der Bevölkerung zum rechten Glauben sollten sich soziale Probleme von selbst lösen. Für die gläubigen Katholikinnen ergab sich aus der »Seelensanierung« – ein Wort das Ignaz Seipel geprägt hatte – zwangsläufig eine Sanierung der gesellschaftlichen Missstände, wobei Katholikinnen darunter nicht nur die Verarmung von weiten Teilen der Bevölkerung durch Arbeitslosigkeit[13] verstanden, sondern auch den so genannten »sittlichen Verfall«. Die Rückkehr zu einem sittlichen Leben aus dem katholischen Glauben beinhaltete für die Katholikinnen eine Neuordnung der Geschlechterverhältnisse aus einer gottgewollten Geschlechterdichotomie. Die im katholischen Milieu viel diskutierte Ehekrise sollte durch das rigorose Verbot von Ehescheidungen und die Verpflichtung der Ehefrauen zur klaglosen Unterordnung gelöst werden.[14]

Frauen und Männer wurden im katholischen Milieu als wesensverschieden gedacht und Begegnungen waren streng reglementiert. Das Bild des Kirchenraumes, in dem Männer auf der einen Seite und Frauen auf der anderen Seite saßen, verdeutlicht diese Auffassung von Geschlechterdichotomien. In diesen Fragen einer gottgewollten Geschlechterdifferenz stimmten Männer und Frauen im katholischen Milieu überein. Strittig war aber, welche gesellschaftspolitischen Konsequenzen aus dieser Dichotomie gezogen werden sollten. Beschränkte die Dichotomie Frauen auf Häuslichkeit oder sollten alle gesellschaftlichen Bereiche entlang einer Geschlechterdichotomie organisiert werden? Sollte Frauen in der Öffentlichkeit Platz eingeräumt werden, weil das »mütterliche Wesen« der Frauen überall zum Einsatz kommen sollte oder war die Dichotomie so zu verstehen, dass Frauen nicht außerhäuslich aktiv werden sollten? Die Fragen, ob Frauen, insbesondere verheiratete Frauen, außerhäuslich berufstätig sein sollten, ob sie im neuen »Christlichen Ständestaat« politische Mitsprache haben sollten, wurden nicht übereinstimmend beantwortet. Viele – aber bei weitem nicht alle – Funktionärinnen der katholischen Frauenbewegung vertraten in diesen Punkten moderat frauenbewegtes Gedankengut und argumentierten, dass Frauen die Pflicht hätten, ihr weibliches, d.h. mütterliches Wesen auch in der Öffentlichkeit zu verwirklichen. Diese Position fand weder bei den austrofaschistischen Politikern noch bei den maßgeblichen Klerikern Unterstützung. Kleriker, die die Position der katholischen Frauen unterstützten, waren rare Ausnahmen.[15] Verteidiger wie auch Gegner der außerhäuslichen Frauenerwerbsarbeit bezogen sich auf die päpstliche Enzyklika »Quadragesimo anno«, die den Haushalt als hauptsächliches Arbeitsgebiet der Frauen festgelegt hatte und damit einen Interpretationsspielraum zwischen »hauptsächlichem« und »ausschließlichem« Arbeitsgebiet eröffnet hatte.[16]

Von der Idee, gesellschaftliche Entwicklungen mit Verboten wieder im Sinne der katholischen Lehre zu regeln, waren auch andere drastische Forderungen der Katholikinnen geprägt: sexuelle Freizügigkeiten und eine freizügige Haltung zum weiblichen Körper (etwa beim Mädchenturnen, bei Kleidung etc.) sollten genauso abgeschafft werden wie alle Formen von Koedukation. Nachdem der austrofaschistische Staat aber die Subventionen für das Mädchenmittelschulwesen, das zu dieser Zeit bis auf zwei staatliche Schulen von privaten Schulerhaltern (katholischen Orden und Kongregationen, bürgerlich liberalen Frauenvereinen etc) getragen wurde, drastisch kürzte, mussten die privaten Schulerhalter das Schulgeld erhöhen, wodurch mehr Mädchen an die öffentlichen koedukativen Schulen gingen.[17] Das Beispiel der Koedukation zeigt sehr anschaulich, wie Ideologie und politische Praxis auseinanderklafften. Wo die Geschlechterdichotomie, die als gottgewollte Wesensverschiedenheit der Geschlechter gedacht war, von Katholikinnen in Forderungen für Frauen umgemünzt wurde (Mädchenschulen, Karrieremöglichkeiten für Frauen in so genannten Frauenberufen, politische Mitsprache in einer Hauswirtschaftskammer etc), zeigte der austrofaschistische Staat keine Bereitschaft, diese Wünsche zu realisieren. Hingegen wurde die Geschlechterdichotomie sehr wohl als Legitimation für Frauendiskriminierung benützt, wie etwa bei geschlechtsspezifischen Lohnkürzungen bei Lehrerinnen oder dem Ausschluss der nicht berufstätigen Hausfrauen von jeder politischen Mitsprache im »Ständestaat«.

Die Ideen der katholischen Frauenbewegung für eine Restrukturierung des Geschlechterverhältnisses, wie sie in den Jahren 1933 und 1934 formuliert worden waren, wurden vom austrofaschistischen Regime nicht umgesetzt. Statt einer Restrukturierung der Geschlechterverhältnisse im Sinne der katholischen Frauen, die auch für Frauen Einflussmöglichkeiten und Erwerbschancen sichern wollten, nahm der Staat eine patriarchale Restrukturierung vor. Wünsche der katholischen Frauen hinsichtlich einer Mitgestaltung des »Christlichen Ständestaates« und einer Aufwertung der Position der Hausfrau und Mutter wurden ignoriert. Die in Frauenvereinen engagierten Katholikinnen, die Frauen als von Männern verschieden aber gleichwertig betrachteten, wurden durch diese Politik herb enttäuscht, denn sie hatten die gottgewollte Geschlechterdichotomie nicht als Verdrängung von Frauen aus dem Erwerbsleben und der Politik und als generelle Nachrangigkeit von Frauen verstanden. Für Katholikinnen war zwar die verheiratete Frau dem Manne unterworfen, aber für die unverheiratete Frau sollte Dichotomie nicht mit Unterordnung einhergehen. Das austrofaschistische Regime machte jedoch eine Politik, in der Geschlechterdichotomie und Geschlechterhierarchie gleichbedeutend waren und deklassierte Frauen eindeutig zu zweitklassigen StaatsbürgerInnen.[18] In der austrofaschistischen Verfassung, die am 1. Mai 1934 gemeinsam mit dem Konkordat veröffentlicht wurde, wurde im Paragraph 16, 2 die Gleichheit von Mann und Frau vor dem Gesetz abgeschafft. Durch die Konstruktion der politischen Mitsprache über »Berufsstände« hatten die nicht erwerbstätigen Hausfrauen keine politische Vertretung und waren per Gesetz – nicht bloß durch politische Praxis – von politischer Mitsprache ausgeschlossen. Zur Behebung dieses Defizit des »Ständestaates« wurde von Katholikinnen und den bürgerlich-liberalen Frauen eine »Hauswirtschaftskammer« zur Vertretung des »Berufsstandes« Hausfrau und Hausgehilfin gefordert, doch diese wurde nicht verwirklicht. Vor der formalen Etablierung des »Christlichen Ständestaates« hatte das Dollfuß-Regime bereits im Wege einer Verordnung verheiratete Frauen aus dem Bundesdienst entlassen und somit die Erwerbstätigkeit von Frauen massiv beschnitten. Mit der Doppelverdienerverordnung vom Dezember 1933 gab das Regime Strömungen nach, die alle Frauen ins Haus und an den Herd verbannen wollten und berufstätige Frauen zu Sündenböcken für die Massenarbeitslosigkeit machten. Hier lag das Regime im Trend anderer faschistischer Regime, wie Nazi-Deutschland oder Italien, die ebenfalls Maßnahmen zur Beschränkung der außerhäuslichen Frauenerwerbstätigkeit getroffen hatten,[19] wobei im Nationalsozialismus durch die Rüstungskonjunktur und den dadurch ausgelösten Arbeitskräftemangel diese Maßnahmen stillschweigend wieder zurückgenommen wurden. Die austrofaschistische Geschlechterpolitik lässt sich kurz zusammengefasst so charakterisieren: Das austrofaschistische Regime schaffte die Frauenrechte, die durch die Republik eingeführt worden waren (Gleichheit vor dem Gesetz, gleiche Bezahlung von Frauen und Männern im öffentlichen Dienst, politische

Mitsprache von Frauen) ab, denn »Gleichheit« vor dem Gesetz war auch in Hinblick auf die Gestaltung des Geschlechterverhältnisses kein Wert. Und die von den Funktionärinnen der katholischen Frauenbewegung geforderte Aufwertung der Mutter und Hausfrau, also die positive Anerkennung der Geschlechterdifferenz, wie sie in der Konstituierungsphase des Austrofaschismus mit Vehemenz gefordert worden waren, unterblieb. Womit sich das Regime die Gegnerschaft von frauenbewegten Frauen aller politischer Ausrichtungen zuzog und Teile der katholischen Frauenbewegung immer in der Haltung einer loyalen Opposition verharrten, die mit Kritik an der Praxis des »Christlichen Ständestaates« nicht sparten. Das Regime verabsäumte es sicherlich, Frauen aus dem katholischen Milieu positive Angebote zur Identifikation mit dem neuen »christlichen« Staat zu machen, sodass die Mobilisierung von Frauen im katholischen Milieu über die Abgrenzung zu politischen Gegnern und das Schlagwort »Österreich« nicht hinausging.

Frauen- und Geschlechterthemen am Katholikentag 1933

Die Reden, die Frauen am Allgemeinen Deutschen Katholikentag hielten, der im September 1933 in Wien stattfand, eignen sich für eine Analyse dessen, was Frauen sich von einer Rekatholisierung erwarteten. Der Katholikentag war die öffentliche Inszenierung des Anspruches auf eine Umgestaltung der Gesellschaft im katholischen Sinne, er war ein offizielles Statement der Amtskirche, der katholischen Vereine und der katholischen Politiker und Politikerinnen. Speziell für Frauen gab es am Samstag den 9. September 1933 eine öffentlich zugängliche »Frauenfestversammlung« und am darauf folgenden Montag, den 11. September eine so genannte »Führerinnenbesprechung« für die Funktionärinnen der katholischen

Frauenbewegung. Zwei populäre christlichsoziale Politikerinnen hielten die Reden: nämlich Alma Motzko (1887–1968), eine der ersten Akademikerinnen, langjährige Wiener Stadtpolitikerin (von 1920–34 Stadträtin, danach Mitglied der Wiener Bürgerschaft, der austrofaschistischen Gemeindevertretung) und seit 1924 Leiterin der Katholischen Frauenorganisation für die Erzdiözese Wien, und Emma Kapral (1877–1969), Hauptschuldirektorin, Nationalratsabgeordnete (von Dezember 1930 bis 1934) und Leiterin des Vereins katholischer Lehrerinnen für Österreich. Die Referate diese beiden Frauen umreißen das Spektrum der katholischen Frauenbewegung und bringen die Ansprüche der Katholikinnen an die Regierung Dollfuß zum Ausdruck. Die parlamentarische Demokratie war abgeschafft worden, das christlich-soziale Lager regierte autoritär, der so genannte »Neuaufbau« im katholischen Sinne konnte beginnen. Welche Ideen und Gestaltungsvorschläge für den autoritären Staat brachten die zwei Sprecherinnen der katholischen Frauenbewegung vor? Wie legitimierten sie ihre Forderungen? Die nachfolgende Analyse der Reden von Alma Motzko und Emma Kapral wird die Haltung der Katholikinnen gegenüber dem autoritären Dollfuß-Regime deutlich machen, aber auch die Unterschiede zwischen den beiden Rednerinnen herausarbeiten. Zuerst ist darauf hinzuweisen, dass Alma Motzkos Referat eine allgemein zugängliche Festansprache war, an der auch Bundeskanzler Dollfuß teilnahm, während Emma Kapral zu Funktionärinnen über »Die Grundsätze für die praktische Arbeit der katholischen Frauenbewegung« sprach und dafür auch mehr Zeit zur Verfügung hatte.

Bei der öffentlich zugänglichen Frauenfestversammlung am 9. September 1933 im Großen Konzerthaussaal hielt Alma Motzko, die als charismatische Rednerin bekannt war, ihre kurze Festansprache nachdem Fanny Starhemberg, die Präsidentin der Katholischen Reichsfrauenorganisation (KRFO) und Mutter des Heimwehrführers Ernst Starhemberg, und Bischof Sigismund Waitz, der zu dieser Zeit bereits seit 25 Jahren Reichskonsulent der KRFO war, das Publikum begrüßt hatten. Auf die Festansprache folgte ein Theaterstück von Margarete Seemann, das von LaiendarstellerInnen auf die Bühne gebracht wurde und plakativ den Kampf der Katholikin gegen den verkommenen Zeitgeist darstellte. Die Hauptrollen in dem Stück »Das Frauenspiel« waren der Geist der Zeit, der Ungläubige, die Frau, Nebenrollen waren u. a. der Bettler, der Arbeitslose, der verwahrloste Junge, die Dirne, der Kranke, die Obdachlose, die verschämte Armut.

Alma Motzko brachte in ihrem Referat »Die katholische Frau in der Entscheidung« klar zum Ausdruck, dass die katholische Frauenbewegung beabsichtigte, am Aufbau des neuen Staates mitzuarbeiten. Selbstverständlich formulierte sie diesen Anspruch auf Mitgestaltung des katholischen Staates nicht als Forderung, sondern als Pflicht- und Auftragserfüllung, wobei sie sich auf das Buch »Aufstieg durch die Frau« von Mina Weber[20] bezog, die ganz in der Tradition der Theorie einer gegenseitigen Ergänzung von wesensverschiedenen Geschlechtern argumentiert hatte, dass im »Wesen« der Frau Werte liegen, die für die Allgemeinheit eine Bereicherung seien. Aus dieser Idee einer gott- und naturgegebenen Wesensverschiedenheit der Geschlechter und der Idee, dass die Frauen verpflichtet seien, ihr Anderssein zum Wohle der Allgemeinheit einzubringen, bezog die Katholische Frauenbewegung die Rechtfertigung für frauenbewegten Aktivismus. In dieser essenzialistischen Polarisierung der Geschlechter unterschied sich die Katholische Frauenbewegung nicht von der bürgerlich-liberalen, beide sahen die Frau als höherwertiges Wesen an, das gegenüber dem Mann einen Kulturauftrag zu erfüllen habe.[21] Für die Katholikinnen war diese angepeilte Veredelung der Männer auch eine religiöse und die Geschlechterdichotomie wurde im katholischen Milieu nicht bloß als natur- sondern auch als gottgewollt gedacht. Pflichterfüllung im Dienste der Rekatholisierung war das

Motto, und engagierte Katholikinnen verbrämten den Kampf um die Erhaltung von Frauenrechten mit diesem Pflichtdiskurs. Alma Motzko sprach von einem »Auftrag an die katholische Frauenwelt«.[22] Die Arbeitsbereiche, in denen Frauen zur Mitarbeit verpflichtet waren, waren traditionellerweise Ehe, Familie, Jugendarbeit und Karitas. Diese sprach auch Motzko in ihrer Rede beim Katholikentag an, sie ging darüber hinaus aber auch auf das Thema Frauenerwerbsarbeit ein, das im katholischen Milieu immer ein heikles Thema war. Zur Zeit des Katholikentages war die Diskussion um die Regelung des sogenannten »Doppelverdienertums« ein brandaktuelles Thema für alle Frauenvereine, denn unter dem Motto, das »Doppelverdienerunwesen« eindämmen zu wollen, plante die Dollfuß-Regierung, die Erwerbsarbeit von verheirateten Frauen im Bundesdienst zu verbieten und Beamtinnen (vor allem Lehrerinnen) zu entlassen oder zu pensionieren, und sie setzte dies auch einige Monate später gesetzlich um.[23] Motzkos Verteidigung der Frauenerwerbstätigkeit, die in heutigen Ohren mehr als moderat klingt und die Unterordnung der Frau unter den Mann nicht in Frage stellte, wurde im katholischen Milieu trotzdem als frauenrechtlerisch kritisiert, denn im katholischen Milieu wurde die Geschlechterdichotomie mehrheitlich so ausgelegt, dass Frauenarbeit in einem re-katholisierten Staat idealerweise auf Häuslichkeit beschränkt bleiben sollte. Motzko hatte folgendes ausgeführt: »Wir katholische Frauen sehen ein, dass unter gleichen Voraussetzungen dem familienerhaltenden Manne das Vorrecht an dem Arbeitsplatz gebührt. Katholische Frauen müssen aber auch offen und klar für das Recht der alleinstehenden Frau, der Selbsterhalterin oder Familienerhalterin, auf Berufstätigkeit und Berufseinkommen eintreten. Ein Gebot der Gerechtigkeit und Billigkeit begründet diese Programmanforderung der katholischen Frauenbewegung. Darüber hinaus aber hat die Frau das Recht, an den Bildung[s]gütern der Allgemeinheit teilzunehmen, weil sie diese Bildung[s]güter im Interesse der Allgemeinheit nützen will. Das Anrecht der Frau hier verkürzen und beschränken zu wollen, ist ungerecht und unsozial. All diese Kampffragen von heute bedingen aber auch, dass sich die katholische Frau ihren Einfluss dort wahre, wo die verschiedenen Lösungsversuche um letzte Gestaltung ringen. In dieser Beleuchtung gewinnt das Staatsbürgertum der Frau erhöhte Bedeutung. Staatsbürgerpflicht, die uns heute mit erhöhter Verantwortlichkeit belastet, zwingt uns katholische Frauen, unser Staatsbürgerrecht zu wahren. So zieht sich eine Weglinie unserer Arbeit vom kleinen Kreis der Ehe und Familie bis auf die weite Plattform der Volksfamilie.«[24]

Den Anspruch der katholischen Frauenbewegung, dass Frauen – aufgrund ihrer angenommenen Eigenart – überall mitgestalten sollten, hatte Alma Motzko klar formuliert, ihrer Meinung nach sollte das Weibliche nicht nur auf das Private beschränkt sein, sondern Erwerbsarbeit, Bildung und Staatsbürgerpflichten bzw. -rechte umfassen. Im katholischen Milieu war diese Auslegung der gottgegebenen Wesensverschiedenheit allerdings nicht unumstritten, die Mehrzahl der Kirchenmänner und katholischen Politiker wollten Aktivitäten der katholischen Frauen in der Öffentlichkeit auf Karitas beschränken. Auch das später für Frauen errichtete »Frauenreferat der Vaterländischen Front« – neben dem »Mutterschutzwerk« die zweite Einrichtung für Frauen in der austrofaschistischen Einheitspartei – litt unter dieser Reduktion der Funktionärinnen auf Fürsorge. Als Alma Motzko im April 1937 die Leitung des »Frauenreferats« in Wien übernahm, kritisierte sie aus ihrer Erfahrung als Christlichsoziale und engagierte Frauenpolitikerin, dass Funktionärinnen der VF fast ausschließlich in karitativen Bereichen tätig waren. »Die VF«, meinte sie auch in Hinblick auf die Einwände gegen politische Tätigkeiten von Frauen im katholischen Milieu, »ist kein Fürsorgeverein«.[25] Für die katholische männliche Elite allerdings lagen diese Beschränkungen ganz im Sinne der erwünschten Remaskulinisierung der Öffentlichkeit, von der Frauen weitge-

hend ausgeschlossen waren. Eine Analyse der von Frauen gehaltenen Katholikentagsreden zeigt deutlich, dass die Katholische Frauenbewegung in der Konstituierungsphase des Austrofaschismus nicht davon ausging, dass Politikerinnen weniger mitgestalten würden als in der Zeit der Republik.
Motzko grenzte die katholische Frauenbewegung gegen zwei Fronten hin ab: einerseits gegenüber Ansichten im katholischen Milieu selbst, die die erwartete Neuorganisation und Rekatholisierung der Gesellschaft als eine weitgehende Verdrängung der Frauen aus der Öffentlichkeit sahen und als Rücknahme aller staatsbürgerlichen Rechte (Erwerbsarbeit, politische Mitsprache, Bildungszugang) interpretierten, andererseits gegenüber den politischen Gegnern. Die Passagen, in denen sie über die Ehe sprach, waren als klare Abgrenzung gegenüber den säkularen Vorstellungen der Sozialdemokraten und der Nationalsozialisten zu sehen, die für ein Eherecht eintraten, das Scheidung vorsah. Die Nationalsozialisten hatten die katholische Ehe darüber hinaus noch dadurch in Frage gestellt, dass sie Ehetauglichkeit auf »Rasse« begründeten und 1933 mit dem Gesetz für Ehestandsdarlehen und dem Sterilisationsgesetz deutlich gemacht hatten, dass Ehe im nationalsozialistischen Deutschland an rassistische und sozialrassistische Kriterien gebunden war.[26] Diese Auffassung von Ehe widersprach der katholischen Konzeption eines Sakramentes. Motzko führte dazu in ihrer Rede am Katholikentag folgendes aus: »Jeder Versuch, die freiwillig geschlossene Ehe anzutasten, muss auf das entschiedene Nein der katholischen Frauen stoßen. Dem sakramentalen Charakter der Ehe entspricht der unauflösliche Dauerbund. Nur in einer unauflöslichen Ehe kann sich wertschenkend der Reichtum dessen entfalten, was wir Katholiken in tiefer Ehrfurcht das Mutteramt nennen und was, weit über die physische Mutterkraft hinausgehend, das lebenslange Mutteropfer heißt. [...] Unser entschiedenen Nein muss jedem System gelten, dass die Ehe zum Werkzeug hemmungslosen Trieblebens herabwürdigen will, unser entschiedenes Nein

muss ebenso jedem System gelten, das die Ehe einer starren Bindung an körperlich vererbbare Merkmale unterjochen will.«[27]

In der Auseinandersetzung mit den politischen Gegnern war die Ehethematik das zentrale Thema für die Katholikinnen. Die Katholikinnen positionierten sich hier in Abgrenzung zur Linken, der sexuelle Freizügigkeit, Sittenverfall und Untergrabung der Ehe unterstellt wurden, und zu den Nationalsozialisten, die mit Rassismus und der Reduktion der Frau auf biologische Mutterschaft das katholische Modell von Ehe und Jungfräulichkeit gefährdeten. Dass Nationalsozialisten Jungfräulichkeit weder bei Männern noch bei Frauen wertschätzten war eines der Argumente, die Katholikinnen gegen den Nationalsozialismus anführten. Nadine Paunovic, die Funktionärinnen der Katholischen Frauenbewegung im Herbst 1933 in Vorträgen über das »Wesen des Nationalsozialismus« informierte, fasste das in folgende Worte: »...wer die Ehe zu einem Rasseinstrument eines seichten Materialismus erniedrigt, wer in der Mutterschaft nur Aufzucht und biologisches Fortpflanzungsamt sieht, wer die Jungfräulichkeit leugnet und als volksschädigend bezeichnet, kann unser Führer nicht sein, wenn er noch so herzlich vom ›positiven Christentum‹ seiner Ideen die Welt überzeugen will.«[28]

Dass die führenden Funktionärinnen aus der katholischen Frauenbewegung die Ehe ausschließlich als Mutterschaft und als »Mutteropfer« definierten, machte diese Auffassung für die jüngeren Frauen wenig attraktiv. Nur Katholikinnen, die ganz stark milieugebunden das Opfer als religiöses Opfer in der Nachfolge Christi verstehen konnten, wurden davon angesprochen. Wenn der massive Geburtenrückgang in Österreich als Indiz genommen wird, dann gestalteten in den 1930er Jahren immer weniger Menschen ihr privates Leben nach den Regeln der katholischen Morallehre. Die Lebensgestaltung von jungen Frauen, die sich nicht mehr ausschließlich an katholischen Normen orientierte, sprach Motzko indirekt an, wenn sie die

»Rückführung« der Jugend in das »Gemeinschaftsleben« forderte. »Muttersorge und Frauenwille müssen hier die Brücke schlagen, auf der die Jugend zurückfindet«, meinte Motzko, die diesen »Kampf der Generationen« auch als Resultat der schlechten wirtschaftlichen Lage sah.[29] Welche Lösungsmodelle hatte die katholische Frauenbewegung für die als krisenhaft empfundene Zeit anzubieten? Eingewoben in einen Diskurs über Opfer und Pflichterfüllung wurde den Frauen die Rekatholisierung aller Lebensbereiche und eine rückwärtsgewandte Utopie von einer ständisch organisierten Gesellschaft als Lösungsmodell präsentiert. Wenn Alma Motzko auch von Frauenrechten (Erwerbsarbeit, Bildung, Staatsbürgertum) sprach, waren das radikale Äußerung innerhalb des katholischen Milieus. Vergleichen wir Motzkos Referat mit dem von Emma Kapral, die die zweite große Rede für Frauen beim Katholikentag hielt, dann wird klar, wieweit sich Motzko innerhalb des katholischen Milieus exponiert hatte.

Bekehrung der Frauen zum Opferleben

Die christlichsoziale Nationalrätin Emma Kapral, deren Rede »Die Frau im geistigen Ringen der Gegenwart« betitelt war, hatte ihre Rede nicht wie Alma Motzko in einem frauenbewegten Kontext gesetzt, sie argumentierte vielmehr in einem religiösen Kontext. Ausgangspunkt ihrer Rede war die Seipelsche »Seelensanierung« und die päpstliche Enzyklika »Quadragesimo anno«.[30] Als erste Aufgabe – »was fordert die Zeit von uns?« – definierte sie die Hingabe an Gott, die Katholikinnen forderte sie zu »apostolischer Arbeit« auf. Die Funktionärinnen in der katholischen Frauenbewegung müßten vor allem »katholisches Leben vorleben« und durch Einkehrtage, Exerzitien etc. die Frauen zur »richtigen religiösen Grundhaltung« bringen.[31] Diese Bekehrungsarbeit war von Emma Kapral frauenspezifisch angelegt und setzte bei der

Dämonisierung der Sexualität an: »In erster Linie werden wir den Kampf aufnehmen gegen die neuheidnische Auffassung von der Frau, Theorien werden verbreitet, die die Frau nur als Geschlechtswesen werten, schrankenlose Freiheit verkünden und in ein schmachvolles Sklavenjoch führen. In Zeitungen, in Büchern, im Theater und in der Lichtspielbühne, im Rundfunk wird das Bild der Frau verfälscht, wird der Jugend beiderlei Geschlechts ein verzerrtes Bild der Frau vorgeführt. [...] Das Urteil breiter Massen über die Frau ist darum falsch. Man zeichnet, gestützt auf eine gewisse Seelenkunde [gemeint ist die Psychoanalyse], Züge in das Bild der Frau, die der wesensechten Frau fehlen. Schaustellung der Frau um des Geschäftes willen, ich verweise auf die Schönheitskonkurrenzen, Girl-Revuen, Plakate, auch auf einen gewissen Sportbetrieb, sind dazu angetan, die Frau herabzuwürdigen, sie verächtlich zu machen, sie zum Menschen zweiter Güte zu stempeln. Dagegen müssen wir alle Frauen im Kampfe aufrufen. Wir sind unserer Regierung sehr dankbar, dass sie den Kampf gegen Schmutz und Schund so energisch aufgenommen hat, dass sie die Plakatschande beseitigt hat. Es war ein Akt der Ritterlichkeit gegen die Frau und ein bedeutungsvoller Schritt auf dem Weg zur Gesundung.«[32]

Katholikinnen wandten sich mit Vehemenz gegen die Erkenntnisse der Psychoanalyse, sie lehnten eine Diskussion über sexuelles Begehren, über die Lockerung von Normen im sexuellen Verhalten der Bevölkerung, wie sie etwa im Typus der »Neuen Frau« verkörpert waren, genauso ab wie jede Art von Vermarktung des Frauenkörpers. Körper und Sexualität waren rein religiös bestimmt. Mit Ausnahme der Mutterschaft bot die katholische Frauenbewegung keine positive Bewertung des Frauenkörpers. Er durfte weder als Mittel individueller Selbstdarstellung genutzt werden, wie das die flirtende, chic angezogene »Neue Frau« tat, noch durfte Sexualität positiv erlebt werden. Wenn Emma Kapral über Körper und Sexualität sprach, dann im Sinne von Scham und Sünde, eine eigene positive Bestimmung von Körperlichkeit gab es nicht, der Frauenkörper war gewissermaßen tabu. Sexualität diente im politischen Diskurs als kultureller Marker. Schlagworte im politischen Kampf der katholischen Frauenbewegung waren »Frauenwürde« und »Frauenehre«, wichtigstes Feld der Auseinandersetzung war die Ehe, die die Katholikinnen von zwei Seiten bedroht sahen – vom »Kulturbolschewismus« und vom Nationalsozialismus. Emma Kapral zitierte in ihrer Katholikentagsrede das damals sehr weit verbreitete Buch »Ehen im roten Sturm« von Alja Rachmanowa,[33] die das Schreckgespenst des moralischen Verfalls und die Leiden der Frauen im Kommunismus in ihrem autobiographischem Roman ausmalte, sowie den Ausspruch des Volkskommissars Anatoli Lunatscharski, der als Kontrast zu bürgerlichen Liebesillusionen gemeint hatte, im Kommunismus sollte man Frauen hinnehmen wie ein Glas Wasser, das man austrinkt, um seinen Durst zu löschen.[34] Die Katholikinnen wandten sich gegen alle gesellschaftlichen Tendenzen zur Modernisierung der Ehe, die seit den 1920er Jahren das katholisch-konservative patriarchale Modell hinterfragt hatten. Nachdem die Ehe für KatholikInnen kein Vertrag zwischen zwei Partnern war, sondern ein Sakrament, wäre eine Reform nur nach einer päpstlichen Anordnung möglich gewesen. Die päpstliche Enzyklika von Pius XI. zu Eheangelegenheiten »Casti connubii« (1930) hatte allerdings keinerlei Reformintentionen verkündet. Kapral benützte gängige Schlagworte der linken Ehereformbewegung der 1920er und 1930er Jahre, als sie sich in ihrer Rede »gegen die Auffassung der Ehe im Kulturbolschewismus, gegen Kameradschaftsehe, Probeehe, Wochenendehe« aussprach.[35]

Im katholischen Milieu war es gängige Meinung, dass die Gesellschaft nur »gesunden« könne, »wenn man die Ehe wieder heilig hält«. Das Durchsetzen der katholischen Vorstellungen von Ehe und Frauenehre galt als »Innenmission«, es war praktisch eine Bekehrung der Frauen zu einem »Opferleben«, denn für die katholische Frauenbewegung war

ganz selbstverständlich, dass die Ehe »jeder Frau ein Opferleben auferlegt«, wie es Kapral am Katholikentag formulierte.[36]
Der politische Kampf gegen den Nationalsozialismus nannte sich in der zeitgenössischen Diktion »Kampf gegen den Rassenmaterialismus«, er richtete sich – wie Emma Kapral ausführte – gegen »das Überschätzen der Vererbungslehre« und »gegen das Übermaß an körperlicher Ertüchtigung«.[37] Die weibliche Jugend sollte keinesfalls bei Turnveranstaltungen die Körper öffentlich zur Schau stellen und Mädchenturnen hatte eigenen Regeln zu folgen, wofür päpstliche Anweisungen vorlagen. Dass die katholische Jugend de facto aber bereits von der Turnbegeisterung und außerfamiliären Freizeitgestaltung im Kreise Jugendlicher ohne Aufsicht von Klerikern angesteckt worden war, die für viele Mädchen einen freieren Umgang mit der gerade in katholischen Elternhäusern tabuisierten Körperlichkeit brachte, wurde von Emma Kapral nicht reflektiert. Sie formulierte bloß apodiktisch: »Unsere katholische Jugend hat in der nationalen Turnbewegung nichts zu suchen.«[38]
Die »Erneuerung des Familienlebens im christlichen Geiste«[39] erforderte laut Emma Kapral die Erziehung zum wesengemäßen Verhalten und zur richtigen Einstellung zur Ehe, denn für die Krise im Ehe- und Familienleben waren – in einem Denken, das sich strikte gegen jeden »Materialismus« wandte – nicht nur die wirtschaftlichen Verhältnisse, sondern die Einstellung zur Ehe verantwortlich. Bei Frauen kritisierte Emma Kapral die »Flucht vor der Mutterschaft, das Freiseinwollen von naturgegebenen Aufgaben und Pflichten, die Scheu vor der Hausarbeit und das Fehlen jeder praktischen Kenntnisse, welche zur Führung eines geordneten Haushalts unerlässlich sind«.[40] Obwohl Kapral die »Ehe- und Familienfrage« als in erster Linie »sittlich-religiöse Frage« wertete, forderte sie vom Staat materielle Unterstützung für Familien, wie die Einführung des Familienlohns, Beseitigung der Arbeitslosigkeit, Rücksicht-

nahme auf Kinder bei der Steuerpolitik, Behebung der Wohnungsnot und Förderung der Siedlungsbewegung.[41] Brautunterricht und Eheberatungsstellen, die die Katholische Frauenorganisation in Zusammenarbeit mit dem Karitasverband und den Josefswerk gründen wollte,[42] sowie der weitere Ausbau von Jungmütterrunden, die die Katholische Frauenorganisation seit 1927 durchführte, sollten praktische Schulung mit Rekatholisierung verbinden. »In diesen Runden wird dafür gesorgt, dass die jungen Mütter zur richtigen seelischen Einstellung für ihre Aufgaben gelangen, andererseits werden ihnen Hilfen angeboten für die Erziehung und Pflege des Säuglings und des Kleinkindes.«[43] Anzumerken bleibt, dass die Jungmütterrunden zu dieser Zeit nur Frauen innerhalb des katholischen Milieus erfassten und die angestrebte Missionierung derjenigen Frauen, die ihr Privatleben nicht mehr katholischen Regeln unterwarfen, erst im Austrofaschismus erfolgen konnte, als Frauen, die karitative Leistungen des Mutterschutzwerkes der Vaterländischen Front in Anspruch nahmen wie etwa beim Aufenthalt in einem Entbindungsheim, und Mädchen, die im Freiwilligen Arbeitsdienst erfasst waren, zwangsweise an Mütterschulungen teilnehmen mussten. Mütterschulung war einer der Hauptprogrammpunkte des Mutterschutzwerkes der Vaterländischen Front. Mina Wolfring, die die Jungmütterrunden in der katholischen Frauenbewegung gegründet hatte, hatte als äußerst aktive Leiterin das Mutterschutzwerk nach dem Vorbild des italienischen OMNI (Oper nazionale per la maternità ed infanzia) aufgebaut.[44] Die Realisierung der katholischen Sozialordnung durch die Stabilisierung von katholischen Familienidealen und die bevölkerungspolitischen Ideen, die diese Mütterschulungen ebenfalls transportierten, waren konsensfähige Ideen, für die auch außerhalb der katholische Frauenbewegung politische Unterstützung zu gewinnen war.

Der Ort des Weiblichen – Berufstätigkeit der verheirateten und ledigen Frauen

In ihrer Katholikentagsrede nahm Emma Kapral auch zu den im katholischen Milieu kontroversiell diskutierten Themen der außerhäuslichen Berufstätigkeit der Frauen und des politischen Engagements von Frauen Stellung. Wie Alma Motzko bezog sich auch Emma Kapral auf das Buch von Mina Weber »Aufstieg durch die Frau«, sie betonte, dass »unsere Zeit der wesensechten Frau auf allen Gebieten des Lebens, den geistigen und wirtschaftlichen, den sozialen und staatlichen, den weltlichen und religiösen (bedarf)«.[45] Doch für Kapral sah das Mitgestalten – etwa durch Berufstätigkeit – für Frauen ganz anders aus als für Männer. Frauen waren gespalten in verheiratete und ledige Frauen und der Familienstand determinierte, wie ihre Teilnahme am Berufsleben oder politischen Leben gestaltet sein sollte. Die katholischen Frauen sollten sich entweder für Ehe oder Beruf entscheiden, eine Berufswahl war für Emma Kapral – selbst unverheiratete Lehrerin – eine Entscheidung für ein eheloses Leben. »Die jungen Mädchen müssen dazu erzogen werden, im Beruf eine Lebensaufgabe zu sehen. Werden sie einmal vor die Wahl gestellt, Beruf oder Ehe, so sei diese Wahl auch Standeswahl, Entscheidung für Ehe oder Jungfräulichkeit. Das katholische Mädchen muss wissen, das der vornehmste Pflichtenkreis für die verheiratete Frau das Wirken in der Familie ist und muss nach dieser Erkenntnis handeln.«[46] Für Emma Kapral war die Erwerbsarbeit der verheirateten Arbeiterin, der Beamtin, Angestellten prinzipiell ein gesellschaftlicher »Missstand«, wie es der Papst formuliert hatte. Bei Bäuerinnen, im Handwerk und Gewerbe waren mitarbeitende Frauen gang und gäbe, ja Frauen hatten eine gesetzliche Verpflichtung (durch ABGB von 1812) zu einer unentgeltlichen Mitarbeit im Betrieb des Ehemannes. Diese Frauen waren von der so genannten Doppelverdiener-Diskussion auch nicht betroffen. Dass für diese mitarbeitenden Ehefrauen in

Familienbetrieben nicht gelten sollte was für verheiratete Beamtinnen und Lehrerinnen galt, begründete Emma Kapral damit, dass Mitarbeit im Betrieb leichter mit Familienpflichten verbunden werden könnte. Tatsächlich dürfte es wohl so sein, dass die mitarbeitenden Ehefrauen, die nicht bezahlt wurden und in völlig abhängiger Position vom Ehemann arbeiteten, keine Konkurrenz für Männer am Arbeitsmarkt waren, während Frauen, die als Arbeiterinnen, Angestellte oder Beamtinnen eigenes Geld verdienten, ein Maß an Unabhängigkeit repräsentierten, das KatholikInnen den verheirateten Frauen nicht zugestanden, weil sie nicht in das patriarchale Familienmodell passten. Für die Arbeiterinnen wollte Kapral ein Ausscheiden aus dem Beruf durch die Verwirklichung des Familienlohns für Männer möglich machen, eine Forderung die sich auf päpstliche Enzykliken (»Rerum novarum« von Leo XIII. aus 1891 und »Quadragesimo anno« von Pius XI. aus 1931) berufen konnte. Für verheiratete Frauen im Bundesdienst oder der Privatwirtschaft sah Kapral vor, dass sie aus dem Beruf ausscheiden und ihre Arbeitsplätze der Jugend überlassen sollten. »Es ist direkt zu verlangen, dass die Ehefrau, deren wirtschaftliche Existenz gesichert erscheint, auf ihren Posten verzichtet zugunsten der Jugend. Es sei zugegeben, dass durch die Verringerung des Familieneinkommens vielleicht eine bloße Verschiebung auf dem Arbeitsmarkt sich ergibt durch Entlassung von Hausgehilfinnen usw. Vergessen wir nicht die psychologische Wirkung; eine Ursache zur Unzufriedenheit vieler wäre weggeräumt. Der junge Mensch würde vom Gefühl der Bitterkeit befreit, das in ihm aufsteigen muss, wenn er sieht, dass an einer Stelle zwei Gehälter zusammenfließen, während er selbst vor dem Nichts steht. Dass er keine Aussicht hat, eine Familie zu gründen, erschwert außerdem manchem die Lage. Aus katholischer Einstellung müssen wir daher verlangen, dass die Frau bei ihrer Verheiratung ihren Erwerbsberuf aufgibt und sich vor allem dem Aufgabenkreis in der Familie widmet. Die Ehe und der Beruf verlangen einen ganzen Menschen. Wenn wir eine Zuständereform ernstlich wollen, müssen wir mit Zeiterscheinungen brechen können, müssen als katholische Frauen mit gutem Beispiel vorangehen. Auch wenn es opfern heißt.«[47]

Allerdings verwehrte sich Emma Kapral ausdrücklich gegen die »Strömung, die nicht nur von der verheirateten Frau verlangt, auf den Beruf zu verzichten und nur der Familie zu leben«, sondern verlangt, »die Frau soll überhaupt aus dem Berufsleben ausscheiden«.[48] Diese Angriffe gegen die unverheirateten erwerbstätigen Frauen gingen Kapral zu weit! Wie aber argumentierte die katholische Frauenbewegung für die Erwerbsarbeit der ledigen Frau? Eine Argumentation, dass unverheiratete Frauen ein Recht auf Erwerbstätigkeit haben, war für Emma Kapral nicht vorstellbar, denn eine solche Argumente wäre zu sehr in die Nähe von Frauenrechten und damit von feministischen Forderungen geraten. Außerdem entsprach die Argumentation über gleiche Rechte nicht dem Verständnis der katholischen Frauenbewegung, sie begründet den Anspruch, dass zumindest unverheiratete Frauen erwerbstätig sein dürfen, mit dem höheren Stellenwert der Jungfräulichkeit vor der Ehe und der Wesensverschiedenheit der Geschlechter, die einander ergänzen sollten. Kapral sah in der Ehe zwar den »natürlichen Beruf des Weibes«, aber nicht den höchsten.[49] Sie bezog sich in dieser Argumentation, die sich gegen die rein biologistische Sicht der Frau stellte, auf die Bücher von Mina Weber und Pater Schmitz, die beide argumentierten, dass die Frau nicht für den Mann, sondern für Gott lebt und auch ohne verheiratet zu sein einen Eigenwert habe. Mütterlichkeit, das die katholische Frauenbewegung als die wichtigste Geschlechtseigenschaft der Frauen sah, bezog sich in diesem Sinne nicht nur auf die verheiraten Frauen, die im biologischen Sinne Mütter werden sollten, sondern auf alle Frauen. Kapral fasst das folgendermaßen zusammen: »Die wahrhaft Gott verbundene Frau hat das innere Bedürfnis zu helfen, den anderen zu dienen, sich zu opfern für sie. Auch der unverheirateten Frau ist jener Wesenszug eigen, den wir Mütterlichkeit nennen.«[50] Kapral meinte, dass sich diese den Frauen wesensgemäße Mütterlichkeit »an der Arbeitsstätte ebenso wohltuend auswirkt wie in der Familie, in der Gemeinschaft«, denn: »In der beruflichen Arbeit, sowie in der Organisationsarbeit ist frauliche Eigenart Ergänzung der männlichen Arbeitsweise. Aber die Frauen müssen den Mut haben, ›ganze‹ Frauen zu sein, ihrem mütterlichen Wesen freieste Entfaltung zu gönnen.«[51]

Während Kapral ganz eindeutig gegen die außerhäusliche Berufstätigkeit der verheirateten Frauen Stellung bezog – sofern sie nicht in bäuerlichen, kleingewerblichen oder handwerklichen Familien tätig war, wo mitarbeitende Frauen ein wesentlicher Bestandteil der Familienökonomie waren – argumentierte sie eindeutig für die Gleichstellung der berufstätigen unverheirateten Frau mit dem berufstätigen unverheirateten Mann. Sie wandte sich gegen schlechtere Bezahlung von Frauen und forderte Aufstiegsmöglichkeiten für Frauen, wobei sie hier insbesondere die Karriere der Lehrerinnen ansprach, die einen Beruf ausübten, der von der katholischen Frauenbewegung immer als idealer Beruf zur Entfaltung der Mütterlichkeit der unverheirateten Frau bezeichnet worden war. Doch in den 1930er Jahren waren die Errungenschaften auf diesem Gebiet der Frauenberufstätigkeit bereits wieder zurückgenommen worden. Kapral protestierte in ihrer Katholikentagsrede in gebotener Deutlichkeit gegen die geschlechtsspezifischen Lohnkürzungen beim Lehrpersonal. »Im Lehrberuf hat die Frau die Gleichstellung mit dem Mann erreicht. Es scheint, dass man diese selbstverständliche Errungenschaft den Frauen wieder entziehen will. Tirol hat bei dem letzten Gehaltsabbau die unverheiratete Lehrerin schlechter gestellt als den unverheirateten Lehrer. Das heißt man den gerechten Lohn vorenthalten, heißt von amtswegen die Frauenarbeit minderbewerten und die Frauen und ihre Leistung vor der Bevölkerung herabsetzen.«[52]

In einigen Bundesländern war es nach der Zerstörung der

Demokratie zu geschlechtsspezifischen Lohnkürzungen beim Lehrpersonal gekommen, wogegen u.a. die Tiroler Lehrerinnen, die doppelt so hohe Gehaltskürzungen wie ihre Kollegen hinnehmen mussten, mit der Bemerkung protestierten, dass die Gleichstellung der Geschlechter kein zu beseitigender »Revolutionsschutt« sei.[53] Obwohl Katholikinnen generell nicht mit gleichen Rechten für Frauen und Männer argumentierten, wurde die ungleiche Bezahlung von Frauen und Männern im Lehrberuf von Lehrerinnen ganz klar als massive Frauendiskriminierung gesehen. Die Einstellung der katholischen Männer – sei es christlichsoziale Politiker oder Kleriker – zu Frauenerwerbsarbeit war mehrheitlich negativ, im offiziellen Kommentar des Katholikentagskomitees zur Rede Emma Kaprals wurde das deutlich zum Ausdruck gebracht. Ihre doch sehr vorsichtigen Formulierungen zur Verteidigung der Erwerbsarbeit der ledigen Frauen wurden von Anton Böhm, einem Mitglied des Katholikentagskomitees, kritisiert. »Wenn schon als der natürliche Hauptberuf die Ehe angesehen wird,« – vermerkte er zu Kaprals Rede – »dann muss man folgerichtig auch gegen die außerhäusliche Berufsarbeit der Frau als Massenerscheinung auftreten und zumindest eine soziale Reform fordern, die weibliche außerhäusliche Berufsarbeit wenigstens zum Großteil entbehrlich macht.«[54] In der Verteidigung der Frauenerwerbsarbeit der unverheirateten Frau lagen die Reden von Alma Motzko und Emma Kapral ganz eindeutig konträr zu gängigen Meinung der männlichen katholischen Eliten. Entlang der Frage, ob Frauen in der Öffentlichkeit einen Platz einnehmen sollten, entbrannte die Diskussion zwischen Frauen und Männern darüber, wie ein »Christlicher Ständestaat« auszusehen habe.

Auch in einem weiteren Punkt wandte sich Kapral klar und deutlich gegen frauenfeindliche Strömungen im katholischen Milieu. Sie verteidigte nicht nur die Bedeutung der beruflichen Arbeit von unverheirateten Frauen, sondern auch deren politisches Engagement – auch das ein frauenbewegtes Statement im katholischen Lager, in dem politische Mitarbeit der Frau immer eine umstrittene Sache war. Erinnert sei daran, dass sich nicht nur Männer, sondern auch die katholischen Frauenverbände anfangs gegen das Frauenwahlrecht gewandt hatten und dass die konservativ-katholischen Parteien lange Zeit Politikerinnen wenig Chancen geboten hatten.[55] Kaprals Verteidigung der Rechte der Frauen auf eine politische Mitarbeit wurde wiederum aus der Geschlechterdifferenz begründet. Sie sagte in ihrer Rede am Katholikentag:

»Ein oft wiederholtes Schlagwort unserer Tage verlangt: Heraus mit den Frauen aus den Parlamenten! Heraus aus dem öffentlichen Leben! Ich habe aufgezeigt, welche Bedeutung das frauliche Wirken in der Familie, im Berufsleben, durch die Ergänzung der männlichen Arbeitsweise und die Ergänzung des männlichen Wesens hat. Dieselbe Bedeutung kommt der Arbeit der Frau im Politischen zu. Auch in der Volksfamilie kann sie durch ihren Rat, ihre Einsicht, ihr Einfühlen und Verstehen Wertvolles leisten. Nach meiner kurzen Erfahrung auf dem heißen Boden des Parlaments kann ich nur wünschen, man möge der Frau im Parlament und in öffentlichen Körperschaften mehr Wirkungsmöglichkeiten bieten. Ehe, Schule, soziale Einrichtungen, alles was im Bereich des Gesellschaftlichen liegt, sind wichtige Arbeitsgebiete für die Frau. Bei der geplanten berufständischen Neuordnung ist eine Interessenvertretung für die Berufstätigen und jene Frauen, die den Hausfrauen- und Mutterberuf erwählt haben, durch Frauen unerlässlich.«[56]

Die Erwartungen der Katholischen Frauenbewegung, dass sich durch den geplanten »Ständestaat« für Frauen im Bereich der Politik etwas verbessern werde, waren groß. Schließlich wurde die »ständestaatliche« Konzeption mit der päpstlichen Enzyklika »Quadragesimo anno« legitimiert und eine Reorganisation der Politik im katholischen Sinne angestrebt. Katholikinnen sahen hier die Chance, dass Geschlechterdifferenzen auch in der Politik im positiven Sinne umgesetzt werden könnten. Im August 1933 ersuchte die Katholische

Frauenorganisation für die Erzdiözese Wien in der ersten »Stellungnahme zur Errichtung und Zusammensetzung des Ständerates« um die Errichtung einer »Selbstverwaltungskörperschaft des hauswirtschaftlichen Berufsstandes«.[57] Für die Katholische Frauenbewegung waren Hausfrauen »Berufstätige« und sie sollten wie alle anderen Berufstände eine Vertretungskörperschaft im zukünftigen »Christlichen Ständestaat« erhalten. Da nach der Zerschlagung der parlamentarischen Demokratie die politische Mitsprache nicht mehr an der Rolle der Staatsbürgerin, sondern an der Rolle der Berufsbürgerin hing, war eine Vertretungskörperschaft für Hausfrauen und deren offizielle Anerkennung als Beruf unumgänglich, weil ansonsten die nicht außerhäuslich berufstätigen Frauen von jeder politischen Mitsprache ausgeschlossen worden wären. Gerade das aber tat der austrofaschistische Staat. Nachdem kein Berufsstand Hauswirtschaft und keine Hauswirtschaftskammer gegründet wurden, waren die nicht berufstätigen Frauen – also die Frauen, die das katholischen Ideal der Hausfrauen-Ehe lebten – politisch entmündigt worden. Auch im Bereich der politischen Mitsprache in einem »christlichen« Staat ging es wieder um Auslegungsunterschiede zwischen Männern und Frauen im katholischen Milieu. Während Frauen die Hauswirtschaft als Beruf verstanden, die Hausfrauen als »Arbeitgeberinnen« bezeichneten und über eine Hauswirtschaftskammer geschlechtsspezifische Politik einforderten, wollten katholische Männer keine Aufwertung der Hausfrauen und Hauswirtschaft durch einen Berufsstand. Vielmehr sollte der (katholische) Mann als Haushaltsvorstand gestärkt werden. Durch eine Hauswirtschaftskammer, d.h. die Anerkennung der Frau als Repräsentant der Hauswirtschaft, hätte die rechtliche Stellung der Hausfrau eine völlig neue Qualität gewonnen, die nicht im Interesse der austrofaschistischen Politiker lag und einer patriarchalen Ordnung der Familie widersprach. Katholische Männer erachteten es als »ein Gebot des staatlichen Wiederaufbaues, die hausväterliche Gewalt zu bekräftigen, anstatt den Haushalt als solchen zu einer unabhängigen Wirtschaftszelle zu machen«.[58] Die geschlechtsspezifische Politik, die Katholikinnen und bürgerlich-liberale Frauen mit einer Hauswirtschaftskammer durchsetzen wollten, scheiterte sowohl an rechtlichen Rahmenbedingungen als auch am politischen Willen der politischen Eliten, die die Reorganisation des Geschlechterverhältnisses als Remaskulinisierung anlegten. Da der Haushalt als Herrschaftsbereich des Mannes definiert war – wie das auch das Eherecht bis Mitte der 1970er Jahre als rechtliche Norm vorsah – und da die angepeilte Neuordnung der Geschlechterverhältnisse als Bestärkung der Männer und ihrer Macht über Frauen konzipiert war, intervenierte die Katholische Frauenbewegung vergeblich für die Umsetzung eines politischen Gremiums für Frauen.

»Mägde des Herrn« – Stellungnahmen gegen die moderne Arbeitswelt

Gegen Modernisierung richtet sich die katholischen Frauenbewegung nicht nur in Fragen von Moral und Sittlichkeit, sondern auch dort, wo es um Frauenarbeit ging. Ideal der Katholikinnen war die Hausfrau und Mutter, die nicht außerhäuslich tätig war. Eine Teilung von Aufgaben oder eine Einbeziehung der Männer in Hausarbeit war nicht vorgesehen und auch nicht erwünscht. Es sollte eine klar gezogene Grenze zwischen den männlichen und weiblichen Aufgaben vorliegen und wenn eine Frau berufstätig war, dann hatte sie auf Kinder und Ehe zu verzichten. Diese Modell war in den 1930er Jahren völlig realitätsfern, denn Frauen der bäuerlichen, gewerblichen und handwerklichen Schichten hatten immer mit ihren Männern am Bauernhof oder im Betrieb gearbeitet und die Mehrzahl der Arbeiterinnen war ebenfalls einer Doppelbelastung ausgesetzt und konnte aus finanziellen Gründen nicht auf eine Erwerbstätigkeit verzichten. Zusätzlich hatten Frauen der bildungsbürgerlichen Mittelschichten, die durch die Geldentwertung nach dem Ersten Weltkrieg stark in Mitleidenschaft gezogen worden waren, ihren Töchtern eine Ausbildung zukommen lassen, die sie für die seit Ende des 19. Jahrhunderts für bürgerliche Frauen zugänglichen Berufe als Lehrerin, Beamtin oder Bürofräulein qualifizierte. Päpstliche Wunschvorstellung war die Realisierung eines Familienlohns, der die patriarchale Strukturierung der Familie ökonomisch untermauern sollte und strikte Arbeitsteilung zwischen Mann und Frau ermöglichen sollte. Mit einem ausreichenden Einkommen des berufstätigen Mannes sollte gewährleistet werden, dass die gewünschte Ordnung zwischen den Geschlechtern – zwischen Außen und Innen, zwischen Öffentlich und Privat, zwischen bezahlter und unbezahlter Arbeit – durchgesetzt werden konnte. Die katholische Frauenbewegung hatte diese Forderung nach dem Familienlohn immer wieder erhoben, gleichzeitig aber auch festgehalten, dass unter den gegeben Umständen – Massenarbeitslosigkeit und niedrige Einkommen, die nicht zum Überleben einer Familie ausreichten – auch die verheiratete Frau das Recht haben sollte, zum Unterhalt der Familie beizutragen.

Aus einer feministischen Sicht bleibt zu diesem Konzept der strikten Arbeitsteilung der Geschlechter anzumerken, dass die katholischen Frauen die Doppelbelastung mehr reflektierten als sozialdemokratische oder bürgerlich-liberale Frauen, die eine positive Einstellung zur Frauenerwerbsarbeit hatten, und dass Katholikinnen nicht der Meinung waren, dass Frauen doppelbelastet zwei Aufgaben erfüllen sollten. Da für die katholischen Frauen die Tätigkeit als Hausfrauen und Mutter als Beruf gesehen wurde, wurde klar dafür optiert, dass ein Beruf (sei es außerhäuslich als unverheiratete Erwerbstätige oder als Hausfrau und Mutter) als Lebensaufgabe für die Frau ausreichen müsse. Was in den 1920er und 1930er Jahren an partnerschaftlichen Modellen zu Lösung der Doppelbelastung von Frauen diskutiert wurde, lehnten die Katholikinnen ab, denn es war mit ihrem Modell der Geschlechtertrennung und der wesensgemäßen Aufgabenteilung nicht vereinbar. Eine Abgabe von Aufgaben der Hausfrau und Mutter an kollektive Einrichtungen war unvorstellbar, weil solche Modelle zur Lösung der Doppelbelastung von Frauen als kommunistisch und sozialistisch diffamiert wurden.

Aus der Definition der Geschlechter als wesensverschieden leitete die Katholische Frauenbewegung ab, dass Frauen und Männer so unterschiedlich strukturiert seien, dass Distanz zwischen den Geschlechtern immer nötig sei (keine Koedukation, sittlicher Abstand, keine gemeinsamen sportlichen Unternehmungen etc.), aber auch, dass Frauen nur durch Frauen erzogen und betreut werden konnten. Mädchenschulen sollten nach Auffassung der Katholikinnen von Frauen geleitet werden, denn nur Frauen wären in der Lage, das Mütterliche in den Jugendlichen zur Entfaltung zu bringen. Die Idee war, dass auf allen Ebenen in den Bereichen, wo Frauen bzw. Mädchen zu betreuen waren, Frauen arbeiten sollten. Hier traf sich die katholische Frauenbewegung mit den bürgerlich-liberalen Frauen, die ebenfalls Arbeitsplätze für Frauen mit der Begründung der weiblichen Wesensverschiedenheit gefordert hatten. Im Sinne dieser Differenztheorie forderte die Katholische Frauenorganisation für die Erzdiözese Wien etwa weibliche Arbeitslosenkontrollore für die weiblichen Arbeitslosen: »Mit noch mehr Berechtigung fordert die Eigenart der Frau Berücksichtigung. Die Erhebungen der Arbeitslosenkontrolle verlangen Aufschluss über innere Familienangelegenheiten und persönliche Lebensverhältnisse. Dass einem fremden Kontrollor das Recht und die Pflicht zu kommt, das Privatleben einer Frau oder weiblichen Jugendlichen zu erforschen und diese genötigt sind, seine diesbezüglichen Fragen zu beantworten, ist oft für sie seelisch unerträglich. [...] Es liegt im Wesen des Mannes, dass er als Kontrollorgan gegenüber den weiblichen Arbeitslosen nicht die Form einhalten kann, die von einer Frau in dieser Eigenschaft zu erwarten ist.«[59]

Diese Ansicht, dass Frauen dort arbeiten sollten, wo Frauen betroffen waren und dass in der Gesellschaft überall ›weibliche Eigenart‹ d.h. Mütterlichkeit umgesetzt werden sollte, war der zentrale Punkt der Frauenideologie in der Katholischen Frauenbewegung. Ein heikler Punkt blieb die Diskussion um berufstätige Ehefrauen. In dieser Diskussion, die den Kern der Geschlechterördnung betraf, stießen ideologische Konzepte (Hausfrau – männlicher Familienerhalter) auf die wirtschaftliche und soziale Realität der 1930er Jahre.

»Staatsnonnen« – die Doppelverdienerverordnung als Herausforderung für die Katholikinnen

Bereits zu Beginn der 1930er Jahre war die so genannte Dopperverdiener-Problematik in aller Munde gewesen, wobei der Begriff Doppelverdiener ein politisches Schlagwort war, das Unzufriedenheit mit der Massenarbeitslosigkeit zum Ausdruck brachte, indem man die Ursachen hierfür auf die so genannten Doppelverdiener schob, die als Sündenböcke abgestempelt wurden. Wer aber waren die Doppelverdiener? Die Bandbreite der Definitionen reichte von den eigentlichen Doppelverdienern, also Personen, die zwei Einkommen hatten, bis zu Ehepaaren. Mit zunehmender Wirtschaftskrise wurde der Begriff Doppelverdiener immer mehr auf verheiratete Frauen, die im Bundesdienst erwerbstätig waren, eingeengt. Vizekanzler Emil Fey sah allerdings nicht nur in erwerbstätigen Ehefrauen, sondern auch in erwerbstätigen Töchtern Doppelverdiener, wenn sie in Familien lebten, in denen der Vater ein ausreichendes Einkommen hatte, um die Töchter zu erhalten. Er schlug im Ministerrat Dezember 1933 vor, die Regelung des Doppelverdienertum auch auf die Töchter höherer Beamter auszudehnen.[60] Mit der Doppelverdienerverordnung wurde schließlich im Jahre 1933 das Doppelverdienertum der berufstätigen Ehefrau im Bundesdienst gesetzlich geregelt, in dem man diese Frauen aus dem Staatsdienst entließ oder pensionierte. Da man in diesem Gesetz eine Menge von Ausnahmen festgelegt hatte, etwa kinderreiche Familien, wo das Einkommen der Frau zum Familienunterhalt unumgänglich war, oder Schauspielerinnen im Staatsdienst oder die Tabakarbeiterinnen, die unverzichtbare Arbeitskräfte waren, betraf im Endeffekt die Abbaumaßnahme in erster Linie die Staatsbeamtinnen vor allem Lehrerinnen. Gerade die Frauengruppen aber waren – oft Akademikerinnen der ersten Generation – eine wichtige Klientel der bürgerlich-liberalen sowie der katholischen Frauenbewegung. Mit dem Abbau dieser Frauen, der zahlenmäßig nicht ins Gewicht fiel und nur minimal etwas zur Verbesserung der Situation am Arbeitsmarkt für jüngere Arbeitslose beitrug, hatte der Staat die Frauen zu Staatsbürgerinnen zweiter Klasse degradiert und gerade die Frauen getroffen, die die neuen Freiheiten genutzt hatten, die die Republik eröffnet hatte. Die Einführung der Doppelverdienerverordnung ist weniger als eine konkrete Maßnahme zur Bekämpfung der Arbeitslosigkeit zu sehen – wie etwa Beschäftigungsprogramme[61] – sondern als ideologisches Statement gegen selbständige Frauen, die sich die Freiheit herausnahmen, wie Männer Beruf und Ehe zu verbinden. Es war dies ein Schritt zu Reetablierung eines generellen »Staatsnonnentums« im Bundes- und Landesdienst und ein klares Bekenntnis des Staates, dass er Frau und Mann unterschiedlich wertete. Die hohe politische Symbolkraft dieser Diskussion um das Doppelverdienertum hatte die bürgerliche-liberale und die katholische Frauenbewegung sehr früh mobilisiert. Dass es dann trotz massiver Einwände der Frauenbewegungen zu einer gesetzlichen Maßnahme kam, kann auch als Schlag gegen die Frauenbewegungen interpretiert werden und als ein Nachgeben gegenüber radikal anti-feministische Strömungen, die am liebsten alle Frauen vom Erwerbsarbeitsmarkt verbannt hätten.

Wie stellte sich nun die katholische Frauenorganisation zum Frage des Doppelverdienertums? Die Positionierung der katholischen Frauen zur Frage der außerhäuslichen Erwerbsarbeit war – wie auch an den Reden beim Katholikentag 1933 zu sehen war – bei weitem nicht so eindeutig wie die der bürgerlich-liberalen Frauenbewegung. Während die Frauenvereine, die im Bund österreichischer Frauenvereine zusammengeschlossen waren und die die bürgerlich-liberalen Frauen repräsentierten, die Doppelverdienerverordung klar ablehnten, gab es im katholischen Milieu keine eindeutige Position. Einige Funktionärinnen der Frauenbewegung begrüßten bzw. akzeptierten den Abbau von verheirateten Frauen aus dem Bundesdienst, andere wiederum kritisierten diese Maßnahme als frauenfeindlich.

Emma Kapral etwa meinte in ihrer Rede am Katholikentag, dass die verheirateten Frauen im Bundesdienst abgebaut werden sollten. Sie bezeichnete diesen Schritt zwar als »Opfer«, meinte aber, dass eine Reform hin zu einem Familienleben, das den erwünschten katholischen Normvorstellungen entsprach, eben dieses Opfer erfordere. Die Katholische Frauenorganisation für die Erzdiözese Wien, die sicherlich der fortschrittlichste Verein innerhalb des katholischen Milieus war, stimmte dem Modell von nichtberufstätiger Frau und geldverdienendem Mann zwar prinzipiell zu, meinte aber dass der Familienlohn noch nicht Realität geworden sei und es Frauen daher nicht verboten werden dürfte, zum Familienunterhalt beizutragen. Diese Position hatte Alma Motzko auch in ihrer Katholikentags-Rede vertreten.

Bereits 1931, als in der Öffentlichkeit heftig über die Doppelverdiener diskutiert wurde und dieses Schlagwort von rechtsgerichteten politischen Gruppen benützt wurde, um die Unzufriedenheit über die Entwicklung am Arbeitsmarkt auf Sündenböcke zu kanalisieren, hatte die Katholische Frauenorganisation für die Erzdiözese Wien an das Sozialministerium eine Stellungnahme zur Frage der Berufstätigkeit erwerbstätiger Ehefrauen übermittelt. Darin hieß es: »Die KFO hat wiederholt ihren grundsätzlichen

Standpunkt bekanntgegeben, dass die außerhäusliche Erwerbsarbeit der verheirateten Frau und Mutter ein gesellschaftlicher Missstand sei und – von Ausnahmefällen abgesehen – nur im Notfall Berechtigung habe, weil sie dem Familienwohl entgegensteht und eine schwer erträgliche Doppelbelastung der Hausmutter darstellt. Zur Erfüllung ihrer Hausfrauen- und Mutterpflichten muss aber der Frau auch die Gewähr geboten ein, dass ihr Unterhalt und der ihrer Kinder durch das Einkommen des Gatten als Familienerhalter gesichert sei. Reicht dieses zu bescheiden standesgemäßer Lebensführung nicht hin oder erhält die Hausfrau das ihr zukommende Haushaltsgeld nicht oder nur unzureichend ausgefolgt, dann ist Erwerbstätigkeit ihre Pflicht und ihr Recht. Solange dem Familienvater kein für den Unterhalt seiner Familie hinreichender Lohn im Sinne christlicher Forderungen (Familienlohn) zugebilligt ist und zukommt, solange die Unsicherheit seines Einkommens die Familienerhaltung ständig gefährdet, wären allgemeine gesetzliche Bestimmungen zur Einschränkung des Familienverdienstes, der Frauenarbeit, nicht zu rechtfertigen.«[62]

Allerdings stellte sich die Katholische Frauenorganisation für die Erzdiözese Wien nicht generell gegen jede Maßnahme gegen Doppelverdiener und meinte, »dass in Zeiten wirtschaftlicher Not aus sozialen Gründen aufreizende Fälle von angehäuften Arbeitseinkommen (z.B. kinderlose Ehepaare aus öffentlichen sicheren Stellungen: Schuldirektorenehepaare, die für niemanden zu sorgen haben!) unmöglich gemacht werden sollten«.[63] Mit diesem Beispiel polemisierte die Katholische Frauenbewegung gegen das »Rote Wien« und die kinderlose verheiratete Frau, einen Frauentyp, der im katholischen Milieu höchst suspekt war.

Dass der Abbau von Frauen aus dem Bundesdienst 1933 schließlich durch ein frauendiskriminierendes Gesetz erfolgte, galt den Frauenorganisationen als besonderer Affront. Abbaumaßnahmen, die sich gegen Frauen im Bundesdienst richten, waren auch nach dem Ersten Weltkrieg erfolgt, hier allerdings durch ein geschlechtsneutral formuliertes Gesetz. Die nur gegen Frauen gerichtete Doppelverdienerverordnung vom Dezember 1933 stand zum Zeitpunkt des Inkrafttretens des Gesetzes im Widerspruch zur Verfassung, erhielt aber ein paar Monate später ihre Legitimierung durch die neue austrofaschistische Verfassung, die die Gleichberechtigung von Mann und Frau abgeschafft hatte.

Wichtig war der Katholischen Frauenbewegung auch ein Blick auf die soziale Situation der »doppelverdienenden« Ehepaare. Sowohl die Herkunft dieser erwerbstätigen Frauen aus den bildungsbürgerlichen Mittelschichten, die mit dem Ende der Monarchie verarmt waren, als auch die Tatsache, dass viele dieser Frauen für den Unterhalt der Eltern aufzukommen hatten, wurde von der Katholischen Frauenbewegung für die Erzdiözese Wien als soziales Argument für die Frauenerwerbstätigkeit ins Treffen geführt. Im Frauenjahrbuch für das Jahr 1934 wurde zur sozialen Situation der von der Doppelverdienerverordnung betroffenen Personen folgendes ausgeführt:

»Die KFO steht auf dem Standpunkte, dass die zum Lebensunterhalt einer Familie zusammenfließenden Einkommen beider Ehegatten (den gegebenen Zeit und Arbeitsverhältnissen entsprechend, aus verschiedener außerhäuslicher Erwerbstätigkeit), auch solche aus öffentlicher Hand, dem Worte und Sinne nach wahrlich nicht unsozialem Doppelverdienste gleichgehalten werden können. [...] Gesetzliche Bestimmungen zum allgemeinen Abbau der verheirateten Frauen aus öffentlichen Stellen wäre[n] demnach – abgesehen von der Einseitigkeit einer solchen Ausnahmsbestimmung – nicht zu rechtfertigen, um so weniger, als bei Abschluss vieler Ehen, bei Beschaffung des Hausrates u.a. mit dem durch feste Anstellung der Ehegattin gesicherten Einkommen gerechnet wurde (hoher Mietzins einer mieterschutzfreien Wohnung, Möbel auf Raten u.a.), daher die

Familie bei Entfall desselben in Not und Verschuldung geriete. Überdies ist zu erwägen, dass die öffentlich angestellten Frauen (Lehrerinnen, Beamtinnen) zumeist dem nach dem Umsturz gänzlich verarmten Mittelstande entstammen; erwiesenermaßen haben daher sehr viele (50 – 70 Prozent) ihre mittelosen Eltern (Vater oder Mutter) mitzuerhalten. Bei Entfall des Einkommens ihrer verheirateten Töchter würden solche der öffentlichen Fürsorge anheim fallen. Viele Hausgehilfinnen, die den Haushalt der berufstätigen verheirateten Frau besorgen, würden arbeitslos.«[64]

Wiederum ist auffällig, dass selbst der fortschrittlichste Frauenverein innerhalb der Katholischen Frauenorganisation nicht mit den Individualrechten der Frauen auf Erwerbstätigkeit argumentierte, sondern die von erwerbstätigen Frauen abhängigen Personen anführte, also Frauen in ein Dasein für andere eingliederte.

Zusammenfassung

Die Vorstellungen der Katholischen Frauenbewegung zur Mitgestaltung des »Christlichen Ständestaates«, wie sie in der Konstituierungsphase des Austrofaschismus 1933/34 ausgeführt wurden, gingen in Hinblick auf eine Neugestaltung des Geschlechterverhältnisses im Zuge der angepeilten Rekatholisierung von einer Aufspaltung der Frauen in ledige und verheiratete aus. Die Frauendiskriminierung der verheirateten Frauen, die durch das geltende Eherecht (ABGB von 1812) und die patriarchalen Vorstellungen zu katholischen Ehe wie sie der Vatikan in der Eheenzyklika »Casti connubii« 1931 nochmals festegelegt hatte, wurde von den Katholikinnen nicht kritisiert. Die »Standeswahl« bedeutete für die Katholikin entweder ein Leben in Jungfräulichkeit als Berufstätige oder ein Leben als sich für andere aufopfernde Hausfrau und Mutter. Diese Aufspaltung von Frauen und Fraueninteressen war ein wenig

erfolgreiches politisches Konzept, es schwächte alle Frauen und brachte weder für die Hausfrauen und Mütter noch für die unverheirateten Frauen politische Vorteile.
Im Unterschied zur sozialdemokratischen oder zur bürgerlich-liberalen Frauenbewegung, die Konzepte zur Bewältigung der Doppelbelastung diskutierten, galt den Katholikinnen die Spaltung der weiblichen Menschen in einander ausschließende Lebenskonzepte nicht als kritikwürdig, sondern als Ideal. Doppelbelastung sollte bei strikter Arbeitsteilung zwischen den Geschlechtern nicht vorkommen. Trotzdem wurde aber die im Dezember 1933 veröffentlichte Doppelverdienerverordnung gegen berufstätige verheiratete Frauen im Bundesdienst nicht von allen Frauenorganisationen im katholischen Milieu akzeptiert. Aufgrund der päpstlichen Vorgaben über die katholische Ehe, die entgegen aller wirtschaftlichen Notwendigkeiten von einer strikten Arbeitsteilung zwischen Hausfrau und männlichem Familienernährer ausging und die generelle Einführung eines Familienlohns einforderte, blieb dem Protest gegen diese Diskriminierung der berufstätigen Frauen ein Erfolg versagt. Dort, wo die Katholische Frauenbewegung frauenbewegtes Gedankengut der bürgerlich-liberalen Frauen aufgenommen hatte und für Frauen auch Raum in der Öffentlichkeit forderte, kamen sie bald in Konflikt mit päpstlichen Anweisungen, die von den maßgeblichen Politikern und Klerikern im Austrofaschismus so ausgelegt wurden, dass die Tätigkeit von Frauen auf Häuslichkeit beschränkt werden müsste. Das Frauenbild der Katholischen Frauenorganisation war daher in Ambivalenzen gefangen: Die Funktionärinnen der Katholischen Frauenbewegung wollten den frauendiskriminierenden Maßnahmen des Regimes nicht zustimmen, die im Zuge einer Neuordnung des Geschlechterverhältnisses im katholischen Sinne durchgeführt wurden. Sie hatten aber keine schlagkräftigen Argumente, um die Frauenrechte, die Frauen durch die Republikgründung erhalten hatten, zu verteidigen. Da nach der Zerstörung der Demokratie Gleichheit kein politischer

Wert mehr war und die austrofaschistische Verfassung 1934 Ungleichheit auch zwischen Frau und Mann in der Verfassung festschrieb, bezog sich die Katholische Frauenbewegung auf die »gottgewollte Geschlechterdifferenz«, um Frauen Einfluss im »Christlichen Ständestaat« zu sichern. Zwischen Männern und Frauen herrschten hinsichtlich der konkreten Auslegung der »gottgewollten Geschlechterdifferenz« große Auffassungsunterschiede: die Katholische Frauenbewegung, die von der Theorie ausging, dass die Geschlechter wesensverschieden aber gleichwertig seien und die eine Geschlechterdichotomie entlang der Grenze von öffentlich und privat ablehnte, konnte sich mit keinem ihrer Anliegen auf gesellschaftliche Mitgestaltung, wie sie bereits beim Katholikentag 1933 formuliert wurden, durchsetzen. Dieses Scheitern war bereits in der Definition des katholischen Frauenideals angelegt, das Frauen als »Mägde des Herrn« in einer untergeordneten Position sah. Das Konzept des Magdseins und des Opferns für andere war als religiöse Konzept funktionsfähig, in einem religiösen Kontext kann Opfern Macht sein, doch im politischen Raum konnten Katholikinnen mit ihrer Definition vom Weiblichen nicht punkten. Die Rekatholisierung der Gesellschaft wurde im Austrofaschismus von den politischen Entscheidungsträgern als Remaskulinisierung verstanden und anstatt der von den Katholikinnen geforderten Teilnahme von katholischen Frauen an der Gestaltung der neuen katholischen Gesellschaftsordnung wurden Frauen in allen Bereichen diskriminiert und formal ausgeschlossen. Hier trafen sich konservativ-katholische Auslegungen über die ideale katholische Gesellschaftsordnung mit faschistischem Gedankengut, denn Faschismus verstand sich als Krisenlösung auch in Hinblick auf das als krisenhaft wahrgenommene Geschlechterverhältnis. Die formale Gleichberechtigung der Geschlechter nach 1918 und die unabhängig lebende »Neue Frau«, die die Errungenschaften der Republik genützt hatte, wurden von Faschisten als gesellschaftliches Krisensymptom interpretiert, das es gewaltsam zu beseitigen galt.[65] In einer politischen Konstellation, die durch Heimwehrfaschisten und konservative Katholiken geprägt war, hatten die Ideen der katholischen Frauenbewegung auf gleichberechtigte Teilnahme am neu zu errichtenden »Christlichen Ständestaat« keine Chance auf politische Realisierung.

Anmerkungen

1 Hanisch, Ernst: Der Politische Katholizismus als ideologischer Träger des »Austrofaschismus«, in: Tálos, Emmerich / Neugebauer, Wolfgang (Hg.): Austrofaschismus. Politik – Ökonomie – Kultur 1933–1938, Wien 2005, S. 68–86.
2 Paunovic, Nadine: Die Frau an der Wende der Zeit, in: Frauenjahrbuch 1935, S. 179–180, hier 180.
3 Kapral, Emma: Die Grundsätze für die praktische Arbeit der katholischen Frauenbewegung, in: Frauenjahrbuch 1935, hg. von der Katholischen Frauenbewegung für die Erzdiözese Wien, Wien 1935, S.166–177, hier 177.
4 Schmerenbeck, Peter: Die »Neue Frau«. Überlegungen zum modischen Wandel der Zwischenkriegszeit, in: Meiners, Uwe / Behrens, Heike-Maria (Hg.): Korsetts und Nylonstrümpfe. Frauenunterwäsche als Spiegel von Mode und Gesellschaft zwischen 1890 und 1960 (=Kataloge und Schriften des Schlossmuseums Jever, 10), Oldenbourg 1994, S. 49–74. Als grundlegend zur Sexualreform ab den 1920 Jahren und der Konstruktion der selbstbestimmten »Neuen Frau« vgl. Grossmann, Atina: Reforming Sex: German movement for birth control and abortion reform, 1920–1950, New York 1995. Zum Typus der Neuen Frau im Roten Wien und zum Frauenbild der österreichischen Sozialdemokratie vgl. Gruber, Helmut: The »New Woman«: Realities and illusions of gender equality in Red Vienna, in: Ders. / Graves, Pamela (Hg.): Women and socialism, socialism and women: Europe between the two World Wars, New York 1998, S. 56–94. Lichtenberger-Fenz, Brigitte: »Sklavin Frau« oder »Junges Weib der

Gegenwart«. Zur Genese normativer Frauenbilder und -rollen in der österreichischen Sozialdemokratie der Ersten Republik, in: Ingrisch, Doris (Hg.): Die Revolutionierung des Alltags. Zur intellektuellen Kultur von Frauen im Wien der Zwischenkriegszeit, Frankfurt a. M. – Wien 2004, S. 121–150.

5 Das Aufeinanderprallen des Typus moderne Frau und katholisch-konservative Frau am Beispiel des Bundeslandes Salzburg ist in Lebenserinnerungen und Quellen dokumentiert. Vgl. Kirchmayr, Birgit / Ellmauer, Daniela: Zwischen den Kriegen. Frauenleben in Salzburg 1918-1938, in: Erika Thurner/Dagmar Stranzinger (Hg.): Die andere Geschichte II. Eine Salzburger Frauengeschichte des 20. Jahrhunderts, Salzburg 1996, S. 15–70.

6 Zur Unterwanderung der nicht-kirchlichen Jugendorganisationen durch nationalsozialistische Jugendgruppen vgl. Gehmacher, Johanna: Jugend ohne Zukunft. Hitler-Jugend und Bund Deutscher Mädel in Österreich vor 1938, Wien 1994, S. 374–423. Zur katholischen Jugendbewegung vgl. Mikola, Frieda: Die katholische weibliche Jugendbewegung, in: Hudal, Alois (Hg.): Der Katholizismus in Österreich. Sein Kämpfen, Wirken und Hoffen, Innsbruck 1931, S. 292–304. Zur Problematik des Generationskonflikts vgl. Harvey, Elizabeth: The failure of feminism? Young women and the bourgeois feminist movement in Weimar Germany 1918–1933, in: Central European History, 28, 1995, S. 1–28.

7 Mikola, Die katholische weibliche Jugendbewegung, aaO.

8 Bericht über die Jungmüttertagung, die am 19./20. Mai 1932 in Wien stattfand, in: Frauenjahrbuch 1934, hg. von der Katholischen Frauenbewegung für die Erzdiözese Wien, Wien 1934, S. 182–185, hier 182.

9 Zur Rolle der Christlichsozialen bei der Konstituierung des Austrofaschismus vgl. Tálos, Emmerich / Manoschek, Walter: Zum Konstituierungsprozess im Austrofaschismus, in: Austrofaschismus aaO., S. 6–25.

10 Die Reorganisation des katholischen Vereinswesens im Zuge der Katholischen Aktion beraubte die Frauenvereine ihrer Autonomie. Ausführlich dazu die Interviews mit ehemaligen Funktionärinnen.

Schöffmann, Irene: Organisation und Politik katholischer Frauen im »Ständestaat«, in: Zeitgeschichte 11 (1984), H. 11/12, S. 349–375.

11 Hanisch hat darauf hingewiesen, dass Bischöfe nichts gegen eine Rekatholisierung mit undemokratischen Mitteln einzuwenden hatten, vgl. Hanisch, Der Politische Katholizismus als ideologischer Träger des »Austrofaschismus«, in: Austrofaschismus aaO., S. 74.

12 Frauenbriefe 104, Juli 1934, S. 1f.

13 Schätzungsweise 800.000 ÖsterreicherInnen lebten »im Hungerstatus«, vgl. Senft, Gerhard: Im Vorfeld der Katastrophe. Die Wirtschaftspolitik des Ständestaates. Österreich 1934–1938 (=Vergleichende Gesellschaftsgeschichte und politische Ideengeschichte der Neuzeit 15), Wien 2002, S. 456.

14 Angemerkt sei hier, dass die Zivilehe und allgemeine Scheidbarkeit der Ehe in Österreich erst durch die Nationalsozialisten 1938 eingeführt wurde.

15 Hinzuweisen ist hier auf die Kleriker Georg Bichlmair S.J. und Peter Schmitz S.V.D. Vgl. Peter Schmitz, Peter: Grundsätzliches zur Frage des Frauenberufes, in: Reichspost, 15. 4. 1934; ders.: Sendung der Frau, St. Gabriel – Wien 1934. Unter dem beziehungsvollen Titel »Das Recht der Frau im Schutz der Kirche« sprach Bichlmair im November 1934 davon, dass es in der Wirtschaftskrise kein Vorrecht des Mannes geben dürfe und die Verdrängung der Frau aus dem Erwerbsleben dem katholischen Sittengesetz widerspreche. Vgl. Frauenbriefe 109, Jänner 1935, S. 2 f.; vgl. auch den Tagungsbericht: Das Recht der Frau im Schutz der Kirche, hg. im Auftrag der Hauptstelle »Frauen« der Katholischen Aktion der Erzdiözese Wien, Wien o.J., S. 9 ff.

16 Papst Pius IX., Die Enzyklika über die gesellschaftliche Ordnung »Quadragesimo anno«, übersetzt von Anton Rohrbasser, Luzern 1958, S. 32. Die Katholische Frauenbewegung für die Erzdiözese Wien vertrat in dieser Diskussion den Standpunkt, es sei »ein großes Missverständnis, dem Kampf gegen die erwerbstätigen Frauen, der in jüngster Zeit auf allen Linien hässlich in Erscheinung tritt, mit christlichen Grundsätzen oder mit Berufung auf die päpstlichen Sendschreiben Berechtigung verschaffen zu wollen«. Vgl. Frauenbriefe 108, Dezember 1934, S.1.

17 Eine der zwei staatlichen Mädchenmittelschulen wurde im Austrofaschismus geschlossen. Der Mittelschulbesuch der Mädchen ging ab dem Schuljahr 1934/35 zurück: 1933/34 hatten 21.453 Mädchen Mittelschulen besucht, 1936/37 nur mehr 19.525 Mädchen, der Frauenanteil war von 33,32% auf 30,83% gesunken. Vgl. Ennsmann, Brigitte: Frauenpolitik und Frauenarbeit im Austrofaschismus, Dipl. Arbeit Univ. Wien 1993, S. 62.

18 Zur Frauenpolitik im Austrofaschismus vgl. Bandhauer-Schöffmann, Irene: Der »Christliche Ständestaat« als Männerstaat? Frauen- und Geschlechterpolitik im Austrofaschismus, in: Tálos, Emmerich / Neugebauer, Wolfgang (Hg.): Austrofaschismus. Politik – Ökonomie – Kultur 1933-1938, Wien 2005, S. 254–280.

19 In Italien gingen die Maßnahmen gegen die außerhäuslich erwerbstätigen Frauen am weitesten, hier gab es nicht nur Berufsverbote für verheiratete Frauen, sondern auch Einschränkungen für unverheiratete Lehrerinnen, denen es verwehrt wurde, an bestimmten Mittelschulen (den licei) Gegenstände (wie Latein, Griechisch, Geschichte, Philosophie) zu unterrichten. Der Lehrberuf sollte remaskulinisiert werden. Vgl. Grazia, Victoria De: How Fascism ruled women: Italy, 1922–1945, Oxford 1992, S. 153.

20 Weber, Mina: Aufstieg durch die Frau. Eine grundsätzliche Besinnung und kulturpädagogische Auswertung, Freiburg 1933.

21 Stoehr, Irene: »Organisierte Mütterlichkeit«. Zur Politik der deutschen Frauenbewegung um 1900, in: Karin Hausen (Hg.), Frauen suchen ihre Geschichte. Historische Studien zum 19. und 20. Jahrhundert, München 1983, S. 221–249. Für Österreich vgl. Zaar Brigitta: Frauen und Politik in Österreich, 1890–1934. Ziele und Visionen, in: Good, David F. / Grandner, Margarete / Maynes, Mary Jo (Hg.): Frauen in Österreich. Beiträge zu ihrer Situation im 20. Jahrhundert, Wien 1994, S. 48–76, hier S. 52ff. Zusammenfassend zum Argumentieren mit der Geschlechterdifferenz in der Frauenbewegung vgl. Bader-Zaar, Brigitta / Gehmacher, Johanna: Öffentlichkeit und Differenz. Aspekte einer Geschlechtergeschichte des Politischen, in: Gehmacher, Johanna / Mesner, Maria (Hg.): Frauen- und Geschlechtergeschichte. Positionen, Perspektiven, Innsbruck 2003, S. 165–181, hier besonders 170ff.

22 Motzko, Alma: Die katholische Frau in der Entscheidung, in: Frauen-Briefe, Folge 94, Oktober 1933, S. 1-2, hier 1.

23 Seit 1931 wurde diese Frage im Ministerrat und in der (Frauen-) Öffentlichkeit diskutiert. Im Dezember 1933 erfolgte eine gesetzliche Regelung mittels der Doppelverdienerverordnung. Verordnung der Bundesregierung vom 15. Dezember 1933, BGBl. Nr. 545.

24 Motzko, Alma: Die katholische Frau in der Entscheidung, in: Frauen-Briefe, Folge 94, Oktober 1933, S. 2.

25 Auszug aus dem Referat von Dr. Alma Motzko anläßlich des 1. Amtswalterinnenappells der Gebietsorganisation Wien, 20. 5. 37, VF-Karton 14 (AVA).

26 Für weitere Ausführungen zum Rassismus als Grundlage des nationalsozialistischen Eherechtes vgl. Czarnowski, Gabriele: Das kontrollierte Paar. Ehe- und Sexualpolitik im Nationalsozialismus, Weinheim 1991. Als Überblick zu Situation in Österreich vgl. Bauer, Ingrid: Eine Frauen- und geschlechtergeschichtliche Perspektivierung des Nationalsozialismus, in: Tálos, Emmerich et al. (Hg.): NS-Herrschaft in Österreich. Ein Handbuch, Wien 2000, S. 409–443.

27 Motzko, Alma: Die katholische Frau in der Entscheidung, in: Frauen-Briefe, Folge 94, Oktober 1933, S. 2.

28 Paunovic, Nadine: Die Frau an der Wende der Zeit, in: Frauenjahrbuch 1935, S. 17–180, hier 179.

29 Motzko, Alma: Die katholische Frau in der Entscheidung, in: Frauen-Briefe, Folge 94, Oktober 1933, S. 2.

30 Kapral, Emma: Die Grundsätze für die praktische Arbeit der katholischen Frauenbewegung, in: Frauenjahrbuch 1935, hg. von der Katholischen Frauenbewegung für die Erzdiözese Wien, Wien 1935, S. 166-177. Kaprals Referat am Katholikentag wurde in aller Ausführlichkeit unter dem Titel »Die Frau im geistigen Ringen der Gegenwart« in drei Nummern der Frauen-Briefe abgedruckt, siehe Frauen-Briefe, Folge 95, November 1933, S. 1-3, Folge 96, Dezember 1933, und Folge 97, Jänner 1934. Der Text der Katholikentagsrede fand also weiteste Verbreitung unter katholischen Frauen.

31 Kapral, Emma: Die Grundsätze für die praktische Arbeit der katholischen Frauenbewegung, in: Frauenjahrbuch 1935, S. 167.

32 Ebenda, S. 168.
33 Die Tagebuchaufzeichnungen der adeligen Russin wurden in 21 Sprachen übersetzt. »Ehen im roten Sturm« schildert die Zeit in der revolutionären Sowjetunion, wo sie mit ihrem aus Salzburg stammenden Mann bis zur Ausweisung im Jahre 1925 lebte. Im Buch »Milchfrau von Ottakring« beschreibt sie die Zeit in Wien, wo sie ein Lebensmittelgeschäft betrieb, bis die Familie 1927 nach Salzburg übersiedelte.
34 Kapral, Emma: Die Grundsätze für die praktische Arbeit der katholischen Frauenbewegung, in: Frauenjahrbuch 1935, S. 168.
35 Ebenda, S. 168f.
36 Ebenda, S. 169.
37 Ebenda, S. 169.
38 Ebenda, S. 173.
39 Ebenda, S. 169.
40 Ebenda, S. 169f.
41 Ebenda, S. 171.
42 Ebenda, S. 170.
43 Ebenda, S. 172.
44 Zur Selbstdarstellung des Mutterschutzwerkes vgl. Wolfring, Mina: Das Mutterschutzwerk der Vaterländischen Front, Wien 1938.
45 Kapral, Emma: Die Grundsätze für die praktische Arbeit der katholischen Frauenbewegung, in: Frauenjahrbuch 1935, S. 173.
46 Ebenda, S. 173.
47 Ebenda, S. 174f.
48 Ebenda, S. 175.
49 Ebenda, S. 175.
50 Ebenda, S. 175.
51 Ebenda, S. 175.
52 Ebenda, S. 176.
53 BKA, Ender 19, Z 202/34 (AVA). Zu den Gehaltskürzungen bei Lehrerinnen vgl. auch: Frauenbriefe 109, Jänner 1935, S. 6; Frauenbriefe 116, Feber 1935, S. 4 f. Ennsmann, Frauenpolitik und Frauenarbeit im Austrofaschismus, a.a.O., S. 66.
54 Stellungnahme der Mitglieder des Subkomitees des Programm-

ausschusses, Nachlass Rudolf, XIX (Wiener Diözesanarchiv).
55 Zu den Christlichsozialen Politikerinnen vgl. Hauch, Gabriella: Vom Frauenstandpunkt aus. Frauen im Parlament 1919–1933, Wien 1995.
56 Kapral, Emma: Die Grundsätze für die praktische Arbeit der katholischen Frauenbewegung, in: Frauenjahrbuch 1935, S. 176.
57 Stellungnahme der KFO vom August 1933, BKA, Ender 18, Z. 53 (AVA).
58 J. M. Krasser, Die Frau im neuen Staat, in: Wiener-Wirtschafts-Woche 3/7, 14. 2. 1934, S. 2.
59 Bericht der Sozialwissenschaftlichen Sektion, in: Frauenjahrbuch 1934, hg. von der Katholischen Frauenbewegung für die Erzdiözese Wien, Wien 1934, S. 187.
60 Ministerratssitzung Nr. 909 vom 1. 12. 1933, in: Neck, Rudolf / Wandruszka, Adam (Hg.): Protokolle des Ministerrats der Ersten Republik, 1918-1938, Abt. VIII, Kabinett Dr. Engelbert Dollfuß, Bd. 5, Wien 1984, S. 176.
61 Hinzuweisen ist auf das Faktum, dass die wenigen Beschäftigungsprogramme im Austrofaschismus in den Bereich traditioneller »Männerarbeit« fielen.
62 Stellungnahme zum Entwurf eines Doppelverdienergesetzes, von der KFO dem BMfsV bei einer Vorsprache am 24. November 1931 übermittelt, abgedruckt in: Frauenjahrbuch 1933, hg. von der Katholischen Frauenbewegung für die Erzdiözese Wien, Wien 1933, S. 206–207, hier 206.
63 Ebenda, S. 206.
64 Denkschrift zum Entwurf eines Doppelverdienergesetzes, in: Frauenjahrbuch 1934, hg. von der Katholischen Frauenbewegung für die Erzdiözese Wien, Wien 1934, S. 189–192, hier 191.
65 Als Überblick zur faschistischen Krisenlösung im Bereich des Geschlechterverhältnisses und den Feindbildern »Neue Frau« und Feministin vgl. Passmore, Kevin: Europe, in: Ders. (Hg.): Women, Gender and Fascism in Europe, 1919-45, New Brunswick 2003, S. 235–268.

Siegfried Mattl

Austrofaschismus, Kulturkampf und Frauenfrage

»Ich musste am Abend, sofern ich nicht Dienst hatte, im Oktober zu den Rosenkranzandachten gehen, im Mai zu den Maiandachten, ich habe einmal Exerzitien im Sacre Coeur am Rennweg mitgemacht, bei denen man ein Wochenende lang kein Wort sprechen durfte, und zu Fronleichnam mussten wir die ganze Prozession mitgehen und bei allen vier Stationen knien. Einmal wurden wir auch dazu gedrängt, einer monarchistischen Kundgebung [...] beizuwohnen.«[1] Wollte man, wie die Sozialistin Trude Konecny, in der Zeit des Austrofaschismus Krankenschwester werden, so musste man sich in einigen Punkten einem katholischen kulturellen Verhaltenskodex anpassen. Ihrer Anstellung am staatlichen Allgemeinen Krankenhaus war ein ähnlicher Vorgang vorangegangen. Kurz vor der Matura war den SchülerInnen eröffnet worden, dass die Prüfung nur ablegen konnte, wer auch gefirmt war. Dies schloss für Konecny und viele ihrer ebenso konfessionslosen MitschülerInnen ein, zur Beichte gehen zu müssen.
Symbolische Akte wie Andacht- und Beichtzwang mögen anekdotisch erscheinen. Neben den politischen Fundamentalakten wie der Auflösung des Parlaments, dem Verbot der politischen Parteien, der Aufhebung der Presse- und Versammlungsfreiheit u.a. wirken sie wie Anordnungen besonders eilfertiger Machtträger des Austrofaschismus. Trude Konecny berichtet auch selbst nicht davon, dass diese Vorgänge außer der Vertiefung einer bereits bestehenden Aversion gegen das Regime innere Konflikte ausgelöst hätten. Wie bei so vielem anderen, was den austrofaschistischen Staat charakterisierte, wusste man um das Wissen der Gesellschaft hinsichtlich der

theatralischen Form solcher Gesten. Anders verhielt es sich freilich mit den politischen Repressionen im engeren Sinn. Die Erbitterung der in die Illegalität gezwungenen Opposition hatte gute Gründe: Das austrofaschistische Regime operierte gegen seine politischen Gegner mit einer Pseudo-Legalität. Es höhlte, nachdem es mit der Verfassung vom 1. Mai 1934 das parlamentarische Prinzip gänzlich außer Kraft gesetzt hatte, auch das Prinzip der Gewaltenteilung zwischen Justiz und Exekutive aus. Bagatelldelikte wie das Verteilen von regimekritischen Flugblättern wurden nach Hochverratsparagraphen abgehandelt und drakonische, mehrjährige Haftstrafen ausgesprochen; Gerichtsstrafen auf ein und dasselbe Delikt konnten durch Polizeistrafen verdoppelt werden, gezielte kurzzeitige polizeiliche Inhaftierungen unliebsamer Personen und wiederholte Verhaftungen zielten auf Einschüchterung durch drohenden Arbeitsverlust u.a.m.[2] Auch AutorInnen, die das Regime von italienischem Faschismus und Nationalsozialismus deutlich abgrenzen wollen, heben die »polizeistaatlichen Parallelen« zu faschistischen Diktaturen hervor.[3] Unter kritischer internationaler Beobachtung endeten hingegen andrerseits spektakuläre Prozesse wie jener im März 1936 gegen die Führungskader der Revolutionären Sozialisten mit vergleichsweise niedrigen Kerkerstrafen zwischen 6 und 20 Monaten. Im Unterschied zum faschistischen Italien und zum nationalsozialistischen Deutschland schaffte es der »Ständestaat« aber nicht, einen totalitären Kommunikationsraum zu errichten, in dem regimetreue Massenstimmung, öffentliche Medien und private Denunziation ein Gefühl von Unsicherheit über die eigene Weltwahrnehmung hervorrufen konnten. Die Akte symbolischer Demütigung, die sich überdies, wie im zuvor berichteten Fall, mit einer besonderen beruflich-personellen Konstellation überlagern mochten, bewirkten keine Desorientierung. Noch weniger konnten sie überleiten zur einem System der sozialen Kontrolle, wenn man unter Kontrolle das Vermögen versteht, den Menschen die ständige Selbstbeobachtung aufzuerlegen, ob ihr Denken und Verhalten in Übereinstimmung mit dem Willen der regierenden Institutionen steht. Wie Emmerich Talos und Walter Manoschek analysieren: Der Austrofaschismus verfügte über die repressive Kraft der staatlichen Institutionen, aber es fehlte ihm die direkte Autorität und Kooperation in der Bevölkerung.[4]

Andrerseits gaben aber gerade Manifestationen wie die von Trude Konecny erwähnten Andachten und kirchlichen Umzüge dem »Ständestaat« sein Gepräge. Wallfahrten, Feste im katholischen Jahreszyklus, Porträts kirchlicher Würdenträger hatten einen hohen Stellenwert in der staatlich regulierten Öffentlichkeit. Die Wochenschau »Österreich in Bild und Ton« ebenso wie die amtliche Illustrierte »Österreichische Woche« woben ein imaginäres Land, in dem Natur, Folklore, Geschichte und Kunst quasi-organisch mit der katholischen Kirche verbunden waren. Nationale Großerinnerungen wie die zu Ehren des legendären Predigers während der osmanischen Belagerung von Wien Marco d'Avianis waren bestrebt, entlang der propagandistischen Linie die raison d'être eines »christlich-deutschen« Staates Österreich in der religiösen Differenz festzumachen. (Dies mobilisierte freilich weniger die Gegnerschaft zur sozialdemokratischen und kommunistischen ArbeiterInnenschaft, als zu den Nationalsozialisten, die nach der Niederlage der Linken im Februaraufstand 1934 zum stärksten Gegenspieler der Regierung aufrückte.) Nicht zuletzt wegen dieser Theatralität und der Rekatholisierung der Schul- und Ehegesetze erhielt das Regime von seinen Gegnern auch die Bezeichnung »Klerikalfaschismus«. Die gesetzliche Verankerung der kirchlichen Repräsentation in den Institutionen der faschistischen Verfassung markierte ein weiteres mal die enge Verbundenheit von Kirche und austrofaschistischen Machthabern. Wenn auch, wie Ernst Hanisch meint, die Amtskirche bzw. das Episkopat nach und nach – und teils aus zweifelhaften Gründen[5] – vom Regime abrückte, und wenn es auch nicht an katholischen Einzelpersonen fehlte, die einer demokratischen und säkularen Richtung zuneigten[6] so kam in dieser besonderen Beziehung doch ein gemeinsamer Habitus zum Ausdruck – eine antiurbane und antimoderne Grundhaltung, die in der kulturellen Ausdifferenzierung der Gesellschaft eine eminente Gefahr erblickte. Es ist diese Besorgnis, und die Militanz, die dagegen aufgeführt wird, was die Demütigungsakte im Alltag, die politischen Repressionen, und die Frauenfrage im Austrofaschismus verknüpfbar erscheinen lässt.

Im Verlauf der Jahre 1932 und 1933 wurde die parlamentarische Grundlage der christlichsozialen Vorherrschaft rasch brüchig. Während die Nationalsozialisten dem sogenannten »Bürgerlichen Lager« massiv Stimmen abnahmen und die Großdeutsche Volkspartei nicht länger das Risiko tragen wollte, für unpopuläre politische Entscheidungen verantwortlich zu sein, konnten die Sozialdemokraten ihre Position als stimmenstärkste Partei halten. Noch vor den Wahlgängen, die eine Umgruppierung im sogenannten »bürgerlichen Lager« anzeigten, hatten sich allerdings die christlichsozialen Parteiführer und einflußreiche Vertreter der Industrie geeinigt, ein autoritäres Regime zur Durchsetzung eines Austeritätsprogramms einzurichten[7] – ein Faktum, das beharrlich ignoriert wird, um dem Regime Dollfuß / Schuschnigg die moralische Legitimierung mithilfe des Begriffs eines »Staatswiderstands« gegen den Nationalsozialismus zu teil werden zu lassen.[8] Doch ging es in der Politik der Zwischenkriegszeit nicht nur um die institutionelle Machtposition von Parteieliten. Vielmehr lag dem permanenten und unverhandelbaren Konflikt zwischen der Rechten und der Linken die Auseinandersetzung um die Zielrichtung der Moderne zugrunde. Dass es dabei mehr als um die Inhalte um die Verfahren und Methoden ging, mit denen die Phänomene des modernen Lebens bearbeitet wurden, tut zunächst nichts zur Sache. Denn auch wenn in der Sozialdemokratischen Partei, wie zwischenzeitlich hinreichend dokumentiert ist, Diskurse einer disziplinierenden und autoritären Moderne Platz fanden, in denen bezeichnenderweise die Frauenpolitik durch das

Thema der Gebär- und Reproduktionspolitik domimiert wurde, so änderte dies nichts an der Imagination ihrer Gegner. Die Sozialdemokratie wurde mit zahlreichen Zeitphänomenen identifiziert, die einen Bruch mit den kulturellen Gewohnheiten der Vorkriegsgesellschaften markierten. Ihre liberale Haltung in vielen kontroversen Fragen – so zeichnete sie etwa für das Gesetz über die Wiederverheiratung von Geschiedenen (1919) verantwortlich (»Sever-Ehe«, nach dem kurzzeitigen sozialdemokratischen Landeshauptmann von Niederösterreich, Albert Sever) – wie die Sympathien von Teilen des sozialdemokratischen Milieus für nach 1918 neu entstandene Gegen- und Subkulturen erweiterten für ihre Gegner die Codierungsmöglichkeiten. Aus komplexen Gründen, die hier nicht ausgebreitet werden können, wurde die Sozialdemokratie politisches Element eines konservativen Bedrohungsszenarios, in dem antisemitische rassistische Phantasmen mit Revolutionsfurcht, Angst vor Sittenlosigkeit und Visionen einer Effeminierung der Gesellschaft ineinanderfielen. In der katholischen Intellektuellen-Zeitschrift »Schönere Zukunft« konnte man beispielsweise lesen: »Der Kampf, der heute um die Weltstadt Wien tobt, ist einmal der Kampf zwischen klarer Vernunft und blindem Triebleben, ein Kampf zwischen stoffgebundener Sinnlichkeit und der über Zeit und Raum hinausragenden Geistigkeit.«[9]

Wir können für unsere Zwecke in Schwebe lassen, ob es sich bei den neuen Zeitphänomenen um imaginäre Erscheinungen gehandelt hat, oder um massenhafte kollektive Praktiken. Beide sind ohnehin kaum zu trennen, sofern sie engstens mit dem Auftreten und der Verbreitung neuer Medien verbunden waren. Zuvorderst wäre hier das Kino zu nennen, das sich während des Krieges von einer Attraktion zum Erzählkino erweitert hatte und nunmehr mögliche fantastische Lebensentwürfe und dramatische Handlungsmöglichkeiten vorführte. Mit der Schallplatte und dem Radio rückten der Schlager und die Tanzmusik in den Alltag eines weiten Publikums ein und sprengten die

Kontrollmöglichkeiten lokaler Kulturmilieus. Mit den Revuen erstand ein neuer Typus von Unterhaltung, der sein Spiel mit der Erotik nicht mehr hinter konventionellen Umschreibungen suchte. Und mit dem Massen- und Publikumssport gewann der Körper eine öffentliche Präsenz, Individualisierung und Stilisierung, die zuvor durch vestimentäre Codes und soziale Bannung demonstrativ ausgeblendet blieb. Zu dieser Aufwertung der Physis und des Schauwerts des Körpers trugen überdies die neue Mode, die Modejournale und Illustrierten bei. Schließlich entfaltete sich gemeinsam mit neuen Konsumprodukten, Reproduktionstechniken und Distributionsweisen die Reklame, deren Prinzip nun einmal die Imprägnierung von Gebrauchsgütern mit flexiblen und rasch substituierbaren kulturellen Werten ist. Zum historischen Verständnis eines radikalen Bruchs mit der Tradition ist allerdings die Beobachtung Monika Fabers in der Auseinandersetzung mit Stil-Magazinen wie dem »Wiener Journal«, wo alle die genannten Phänomene wieder wie in einem Prisma zusammengefügt wurden, von Bedeutung. Der »Glamour«, mit dem hier Porträts von Medienstars, laszive Aktfotografien, Werbung für Automobile, Momentaufnahmen von Sportlerinnen und anderes mehr aufgeladen wurde, lehnte sich in der Präsentation an Techniken der Avantgarde an und überzog die kommerziellen, »uneigentlichen« Aspekte mit einer neuen ekstatischen Wahrnehmungsweise.[10]

Mit diesem neuen Ensemble kultureller Güter, Images und Verhaltensformen verbindet sich der Begriff »Zerstreuung«. So man diesen Begriff nicht pejorativ, sondern – wie der junge Walter Benjamin – affirmativ verwendet, als Stimulierung der Bereitschaft, unhinterfragte Gewohnheiten und damit die darin verdeckten Machtbeziehungen zu verändern, so wird deutlich, dass sich diese Zeitphänomene zugleich als Scheidelinie verstehen lassen. Sie markieren kulturelle Grenzen zwischen denjenigen sozialen Gruppen, die mit der Revolution von 1918 soziale und politische Privilegien und ihre darauf basierenden

stabilen Lebensordnungen verloren haben, und jenen, die in dieser Zeit eine sprunghafte Öffnung ihrer Lebensmöglichkeiten erfahren hatten. (Wir müssen allerdings in Rechnung stellen, dass sich nur die wenigsten dieser Wünsche für ein anderes, ein intensives Leben unter den gegebenen materiellen Bedingungen auch verwirklichen ließen. Dennoch sprechen die von Käthe Leichter Ende der 1920er Jahre gesammelten Aussagen von Arbeiterinnen über ihren Alltag von der großen Sehnsucht nach dem Kino, dem Unterhaltungstanz und der Schlagermusik, die unter der jungen Generation als Ausbruchsmöglichkeit verstanden wurde.)[11]
Diese neue Konstellation rührte an die Geschlechterdisposition in umfassendem Sinne. Frauen waren in besonderer Weise in diesen Prozess involviert. Sie stellten einen Gutteil des Publikums des Kinos und es lässt sich sagen, dass neben den Kaufhäusern gerade die Kinos so etwas wie räumliche Enklaven der Frauen in der Öffentlichkeit darstellten. Sport, Tanz und der Komplex an sogenannten Reform-Bewegungen offenbarten einen weiblichen Körper, der nicht mehr in erster Linie als fragil, schwach und bedroht empfunden wurde, sondern als aktive und sich selbst gestaltende Kraft. Neue Ikonen besetzen die Öffentlichkeit: erfolgreiche Designerinnen und karrierebewußte Typistinnen, kokette Ladenmädel, coole Künstlerinnen und modebestimmende Filmstar. Alfred Pfoser hat in einem Aufsatz mit dem Titel »Verstörte Männer und emanzipierte Frauen« Passagen aus Joseph Roths »Kapuzinergruft« hervorgehoben, in der Leutnant Trotta beim Wiedersehen mit seiner Frau den Untergang seiner Welt erlebt: Trottas Frau weist seinen Handkuss brüsk zurück und verzieht nur den Mund, ohne die Zigarette abzusetzen. Die Krawatte, die sie trägt, zeigt ihre Ansprüche auf eine dem Mann gleichrangige Position an. Als selbständige Künstlerin ist sie auch ökonomisch nicht auf ihren Mann angewiesen und wird ihn letztlich für eine Freundin verlassen.[12] Die »Jazzkultur« der 1920er Jahre lässt sich nicht ohne solche Figuren der selbstent-

scheidenden, körperbewussten, unkonventionellen Frau denken, die sich in der turbulenten Gemengelage von Konsum, Sex, Beruf und Liebe souverän bewegt.
Diesem Real-Imaginären steht eine andere Imagination gegenüber: in ihr nehmen die Frauen nicht einfach Besitz von den massenkulturellen Phänomenen der Moderne, sondern diese selbst ist auf gefährliche Weise effeminiert. Entlang der antifeministischen Tradition wird die Moderne der Traumlandschaften als Überwältigung durch unkontrollierbare Seelenregionen gesehen, mit denen die Frauen eine besondere Affinität unterhalten: nicht dass den Frauen die Urheberschaft an den Landschaften der Kulturindustrie zugesprochen würde, aber diese Geschlechtermetaphysik findet ihre Projektion auf einem Psychogramm, das Frauen als suggestibel, als instabile Persönlichkeit, mit einem Hang zum Kontrollverlust ausweist. Frauen erliegen der Verführung durch Vergnügen und Phantasie, die in dieser Kultur der Konsumtion präsent ist. Es handelt sich um die kulturelle Codierung von »Geschlecht«[13], um eine Infragestellung zumindest der öffentlichen Geltung von Männerdomänen, wenn schon nicht von deren inneren Strukturen, die in der Vorkriegsgesellschaft zentral gewesen waren: Arbeit, Wissen, Politik. Nunmehr strukturierte sich die Öffentlichkeit um, und Themen, die als »niedrig« oder weniger werthaltig galten und dem Bereich einer »Frauenwelt« zugeschlagen waren, rückten zu Leitbegriffen des gesellschaftlichen Lebens auf: Sprachen des Körpers, Sexualität, Gefühle.
Von Beginn der Republik weg wird der Angriff auf diese neue Kultur und deren Institutionen, auf das Kino, die Illustrierten, die Sportarenen und die Tanzhallen Element konservativer Politik. Vor allem der katholischen Kirche kommt dabei eine besondere Rolle zu, und dies nicht zuletzt deshalb, weil sie in Österreich die Organisationen des konservativen Lagers in Händen hält und über Vereine wie über Zeitschriften deren intellektuelles Leben dirigiert. (Eine liberale Öffentlichkeit existiert zu diesem Zeitpunkt nur mehr in Fragmenten und reprä-

sentiert durch Einzelpersonen, von denen sich viele entschließen werden, ihre Unterstützung der Sozialdemokratie zukommen zu lassen.)[14] Nur so ist es auch denkbar, dass mit Ignaz Seipel ein Prälat zum wohl bedeutendsten Kanzler der Ersten Republik werden kann und die »Sanierung der Seelen« als Voraussetzung für die Konsolidierung von Politik und Ökonomie propagiert. »Katholische Klagen über die in der Mode, in der Sexualität, im Berufsleben sich emanzipierenden Frauen ziehen sich ... durch die ganze Geschichte der Ersten Republik. Die katholische Geistlichkeit [sekundiert von konservativen und reaktionären Schriftstellern] wird mit der ʹneuen Frauʹ nicht fertig. Sinnenlust und Materialismus, zynische Ausgelassenheit und Tanzlust, Promiskuität und moralische Verkommenheit sind für die an die Stabilität der ʹWelt von Gesternʹ gewöhnten katholischen Führer die allgemeinen Übel der Zeit, und die Emanzipation der Frau hat an diesen Makeln einen Großteil der Schuld und Verantwortung zu tragen.«[15] Vor diesem Hintergrund wird 1925 der Mord am Zeitungsherausgeber Hugo Bettauer, der in seiner populären Zeitschrift »Er und Sie. Wochenschrift für Lebenskunst und Erotik« für freie sexuelle Beziehungen plädierte, politisch signifkant; und noch mehr als die Tat eines fanatischen Nationalsozialisten für sich genommen, werden die nachfolgenden Kommentare in der christlichsozialen »Reichspost« bezeichnend, in denen gegen die »Bettauerei« als »Produkte jüdischer Spekulationsliteratur« Stimmung gemacht wurde.[16]

Wenn wir zuvor von der Möglichkeit gesprochen haben, Demütigungsakte im Alltag, die politischen Repressionen, und die Frauenfrage im Austrofaschismus über einen katholisch-konservativen Habitus zu verknüpfen, so kommt allerdings ein soziologischer Faktor mit in den Horizont. Der Austrofaschismus, so brüchig die Loyalitäten der Landbevölkerung auch gewesen sein mochte, repräsentierte sich letzten Endes als eine alpin-agrarische Bewegung. Daran hatte sowohl die Mobilisierung von bäuerlichen Schichten und Dienstboten für die regional verschiedenen Milizen der Christlichsozialen wie der Heimwehren Anteil, als auch die Unterstützung des Regimes durch die größte Bauernorganisation, den Bauernbund. Engelbert Dollfuß, der Fachbeamte an der Niederösterreichischen Landwirtschaftskammer, war schließlich als Kandidat der christlichsozialen Bauernorganisation Kanzler geworden und suchte für sein diktatorisches Projekt 1933/34 insbesondere deren Unterstützung. Sein Diktum, ganz Österreich müsse regiert werden wie ein Bauernhof, mag als missglückte Pointe ins Leben getreten sein, sie deutet dennoch auf tiefere mentale Strukturen hin, aus denen der Austrofaschismus Legitimation erhoffen konnte. Gerade im Horizont agrarischer Strukturen – und die Bauernschaft machte in den 30er Jahren noch an die Hälfte der Bevölkerung aus – kommt der Emanzipation der Frau und deren kulturellen Epizentren eine fundamentale Bedeutung zu. Die bäuerliche Welt beruhte auch zum Zeitpunkt der Errichtung der Diktatur noch in erheblichen Dimensionen auf Familien- und Verwandtschaftsbeziehungen. Erbfolge, Patenschaften und strategische Heiratsbeziehungen waren für die Regulierung und Ausgestaltung des landwirtschaftlichen Arbeitsmarktes wie der lokalen Besitz- und Machtverhältnisse von entscheidender Bedeutung. Die Verfügbarkeit über familiär oder familienähnlich eingebundene Frauen, die, sei es als Bäuerin, sei es als Dienstmagd, unentgeltliche oder nur geringfügig entlohnte Arbeit verrichteten, war eine sowohl für die Subsistenzwirtschaften wie für begüterte Bauernwirtschaften unumstößliche Einrichtung. Ihre Regulation war an die Autorität und Bekräftigung patriarchaler Männerpositionen gebunden.[17]

Die Involvierung der Frauen in den kulturellen Bruch der Zeit nach 1918, die Signifikanz der Emanzipation für eine Erschütterung tradierter gesellschaftlicher Ordnungsgefüge und Machtverhältnisse, die Mehrfachcodierung von Revolution/ Sozialismus/ Judentum/ Frau, die sich allerdings schon vor 1914 vorbereitet hatte ... – die Überformung der sozialen Konflikte durch die Wende in den Imaginationen der Geschlechterbeziehungen kann erklären, warum die politischen Auseinandersetzungen in der Ersten Republik den fundamentalen Charakter angenommen haben, der im Februar 1934 zum Bürgerkrieg geführt und mit der definitiven Errichtung der Diktatur geendet hat. Für die regierenden Kräfte des austrofaschistischen Regimes stellte sich die Frauenfrage danach nur mehr von zwei Aspekten her: von der sozialökonomischen Seite, und von derjenigen der Ausschaltung aus der Politik. Wie Irene Bandhauer-Schöffmann[18] und andere AutorInnen gezeigt haben, strebte das Regime auf pragmatischer Ebene und auf indirekte Weise vor allem die Zurückdrängung der weiblichen Erwerbsarbeit an, sowie die Unterbindung der Frauenbildung, die als Stütze geschlechtsspezifischer Mobilität und sozialen Aufstiegs wirken konnte. Die Entlassung von Beamtinnen nach dem Doppelverdienergesetz wie die Kürzung der Mittel für die Schulen mit frauenspezifischen Programmen sind die wichtigsten Maßnahmen, die das Regime ergreift. Mit der sogenannten »Mai-Verfassung« des Jahres 1934, die das Phantom einer berufständischen politischen Repräsentation errichtet, schafft sich der Austrofaschismus ein vielfach gesichertes Palliativ gegen die politische Partizipation der Frauen: die Selbstrekrutierung der politischen Eliten aus der Männerdomäne »Ökonomie« hätte, so die Korporationen je über den Stand der Ernennung ihrer »Führer« durch die Regierung hinausgekommen wären, die politische Artikulation von Frauen nicht zugelassen. Und letztlich dirigierte die Regierung über die Pseudo-Staatspartei »Vaterländische Front« auch die von ihren christlichsozialen Vorläufern geborgten katholischen Frauenvereine[19], ohne eine Hegemonie über Denken und Handeln der Frauen erreichen zu können.

1935 dokumentierte ein vertraulicher Bericht der »Vaterländischen Front« die innere Schwäche des austrofaschistischen Regimes. An die 30 Prozent der Bevölkerung rechnete man dem »vaterländischen« Lager zu, 15 Prozent wären nationalsozialistisch, 10 Prozent marxistisch eingestellt; der Rest sei »politisch neutrales Treibholz«. Noch mehr wog der Umstand, dass, wie es hieß »ein Teil der öffentlichen Beamtenschaft« – paradoxerweise – »gesetzlich korrekt [ist] und ... auf dem Wege peinlichster Korrektheit alle Maßnahmen der V.F. [sabotiert]«. Die Heimwehren, gestützt auf ihre privilegierten Beziehungen zum italienischen Diktator Benito Mussolini, konkurrenzierten so wie die katholischen Organisationen die Jugendorganisation der »Vaterländischen Front« und opponierten gegen die »Klerikalisierung« des Regimes, dem sie als Bündnispartner angehörten.[20] Auf vielfache Weise überkreuzten sich innere Konkurrenzen und außenpolitische Rückversicherung des Regimes. Als sich Mussolini während seiner kolonialen Unternehmungen in Afrika Hitler annäherte, verlor das austrofaschistische Regime eine bedeutende wirtschaftliche und politische Allianz und fand sich bereit, nunmehr den Nationalsozialisten Konzessionen zu machen: Im Juli 1936 willigte die Regierung in ein Abkommen mit dem nationalsozialistischen Deutschen Reich ein. Mit diesem Abkommen wurden notorische Repräsentanten des Nationalsozialismus politisch rehabilitiert und in die Regierung aufgenommen. Abkommen über wirtschaftliche und kulturelle Zusammenarbeit beschränkten von nun an die Interventionsfähigkeit des Regimes und bewirkten, wie insbesondere in der Filmindustrie deutlich wurde, die Anpassung an die rassistische deutsche Politik, die Juden mit Berufsverboten belegt hatte.[21]

Als kulturelles Projekt einer »neuen Gegenreform« ist der Austrofaschismus gescheitert. Die Repräsentationsstrategien, die gleichwohl umtriebig ein an der katholischen Familie und dem sakralen Frauenbild ausgerichtetes Programm verfolgten, blieben wenig effektiv und mussten sich mit korporatistisch gestützten gemäßigten Modernismen den Markt teilen.[22] Am Beispiel der Operetten- und Komödienfilme Willi Forsts ließe sich sozusagen von den Rändern her die Auffüllung des mit dem Februar 1934 hinterlassenen utopischen Vakuums nachzeichnen: nicht die Bilder der patriarchalen Familie und die Narration einer barock-folkloristischen Gemeinschaft besetzen die Imagination, sondern die Orientierung auf ein wenig privates Glück, auf Augenblicke der Intensität, auf die Freiräume, die von modernen Künstlertypen erobert werden, auf Sinnlichkeit.[23] Auch die Bestrebungen, über Zensur und zensurähnliche Maßnahmen eine umfassende Kontrolle über die Produkte der Kulturindustrie zu erreichen, scheiterten letztlich an der Selbstbehauptung der Unternehmungen und, wie sich am Beispiel des Kinos zeigen ließe, am Unverständnis, wo die tatsächliche Szene der Modernität im Film angesiedelt war.[24] So blieb der Austrofaschismus vor allem als ein Regime in Erinnerung, dass durch eine unnachsichtige Klassenpolitik die fortgesetzte Verelendung der Arbeitslosen, Arbeitenden und kleinen Angestellten in Kauf nahm, mit polizeistaatlichen Mitteln die potentiellen Gegenmachtstrukturen in Schach hielt, und in höchstem Maße »unzeitgemäß« war.

Anmerkungen

1 Trude Konecny: »Innerlich habe ich mich nie untergeordnet«; in: Helene Maimann/ Siegfried Mattl (Hg.): Die Kälte des Februar. Österreich 1933 – 1938, Wien 1984, S. 169

2 vgl. z.B. Ingrid Bauer: ʹMilder Terrorʹ? Politische Justiz gegen die illegale sozialistische Arbeiterbewegung in Salzburg 1934 – 1938, in: Karl R. Stadler (Hg.): Sozialistenprozesse. Politische Justiz in Österreich 1879 – 1936, Wien 1986, S.491ff

3 vgl. Hans Mommsen: Theorie und Praxis des österreichischen Ständestaats 1934 bis 1938, in: Norbert Leser (Hg.): Das geistige Leben in der Zwischenkriegszeit, Wien 1981, S.186

4 Emmerich Talos/ Walter Manoschek: Politische Struktur des Austrofaschismus (1934 – 1938), in: Emmerich Talos/ Wolfgang Neugebauer (Hg.): »Austrofaschismus«. Beiträge über Politik, Öko-

nomie und Kultur 1934 – 1938, Wien 1984, S.75ff
5   so etwa wegen der erodierenden Autonomie des katholischen Vereinswesens und dem durch die staatliche Jugendorganisation bedrohten katholischen Privileg in der Jugendbetreuung
6   vgl. Friedrich Heer: Der Kampf um die österreichische Identität, Graz 1981, S.389f
7   vgl. Karl Haas: Industrielle Interessenpolitik in Österreich zur Zeit der Weltwirtschaftskrise, in: Jahrbuch für Zeitgeschichte 1978, Wien 1979, insb.S.114ff
8   vgl. kritische Kommentare bei Heidemarie Uhl: Zwischen Versöhnung und Verstörung. Eine Kontroverse um Österreichs historische Identität fünfzig Jahre nach »Anschluß«, Wien/ Köln/ Weimar 1992, insb. S.64ff; zuletzt wieder affirmativ Roman Sandgruber: Ökonomische Krise und Delegitimierung der Demokratie, in: Günther Schefbeck (Hg.): Österreich 1934. Vorgeschichte – Ereignisse – Wirkungen, Wien/ München 2004, S.43ff
9   Schönere Zukunft, III/27/, 1.4.1928
10 Monika Faber: Die Politik des Banalen. Das »Wiener Magazin« 1927 bis 1940, in: Roman Horak u.a.(Hg.): Stadt Masse Raum. Wiener Studien zur Archäologie des Populären, Wien 2001, insb. S.142
11 Käthe Leichter: So leben wir ...1.3200 Industriearbeiterinnen berichten über ihr Leben, Wien 1932
12 Alfred Pfoser: Verstörte Männer und emanzipierte Frauen, in: Franz Kadrnoska (Hg.): Aufbruch und Untergang. Österreichische Kultur zwischen 1918 und 1938, Wien/ München/ Zürich 1981, S.205
13 zur Frage der Konstruktion von »Geschlecht« vgl. Judith Butler: Körper von gewicht. Die diskursiven Grenzen des Geschlechts, Berlin 1995
14 so unterzeichneten beispielsweise Sigmund Freud, Robert Musil und Alfred Polgar 1927 einen Wahlaufruf zugunsten der SDAP
15 Pfoser, a.a.O., S.211
16 vgl. Ulrich Weinzierl: Die Kultur der »Reichspost«, in: Franz Kadrnoska (Hg.): Aufbruch und Untergang. Österreichische Kultur zwischen 1918 und 1938, Wien/ München/ Zürich 1981 S.328
17 vgl. Norbert Ortmayr: Beim Bauern im Dienst. Geschichte von unten,

Wien 1984; Ernst Hanisch: Der lange Schatten des Staates, Wien 1994, S.94ff

18 Irene Schöffmann: Die bürgerliche Frauenbewegung im Austrofaschismus, Diss., Wien 1986

19 Schöffmann, a.a.O., insb.S.232ff

20 vgl. Irmgard Bärnthaler: Die Vaterländische Front. Geschichte und Organisation, Wien 1972, S.97f

21 vgl. Gabriele Volsansky: Pakt auf Zeit. Das Deutsch-Österreichische Juli Abkommen 1936, Wien/ Köln/ Weimar 2001, insb.S.162ff zu den kulturellen Aspekten

22 vgl. Elisabeth Klamper: Die Mühen der Wiedervereinigung. Die Sakralkunst und die Rolle der Kirche während des Austrofaschismus, in: Jan Tabor (Hg.): Kunst und Diktatur. Architektur, Bildhauerei und Malerei in Österreich, Deutschland, Italien und der Sowjetunion 1922 – 1956, Bd.1, Baden 1994, S.148ff

23 vgl. Elisabeth Büttner/ Christian Dewald: Das tägliche Brennen. Eine Geschichte des österreichischen Films von den Anfängen bis 1945, Salzburg/ Wien 2002, insb.S.392ff

24 vgl. Siegfried Mattl: An der Peripherie. Staatliche Filmbegutachtung und Filmkultur, in: Ruth Beckermann/ Christa Blümlinger (Hg.): Ohne Untertitel. Fragmente einer Geschichte des österreichischen Kinos, Wien 1996, insb.S.87ff

Irmtraut Karlsson

Der tiefe Sturz

Die Unterdrückung und Vertreibung weiblicher Forschung und Forscherinnen

In »Der Weg zur Höhe«[1] beschrieb Adelheid Popp 1929 den Aufstieg der sozialdemokratischen Frauenorganisation und die Errungenschaften der Frauenpolitik in Österreich insgesamt. Als nicht mehr zu ändernde Errungenschaften des Frauenkampfes wurden darin aufgezählt: »Die Teilnahme am Universitätsstudium ohne Einschränkungen, die Berufung zu akademischen Lehrerinnen, die Vertretung vor Gericht, die Anerkennung der Gleichberechtigung im Staats- und im Schuldienst, die Aufhebung des Eheverbots für Bundesangestellte. Der Weg wurde freigemacht für die Frauen ohne Einschränkungen. Die Frauen wurden Mitglieder im Nationalrat, im Bundesrat, in den Landtagen und Gemeindevertretungen, sie wurden Geschworene und Schiedsrichterinnen, Dozentinnen, Hofrätinnen, Regierungsrätinnen nicht durch den Titel des Mannes, sondern kraft ihrer eigenen Stellung.«[2] »Die Frau kann nicht mehr als minderwertig hingestellt werden«[3] »Die Frau von heute, die Frau mit dem Stimmzettel, die Frau als Abgeordnete, Ärztin und Rechtsanwältin, die Frau nicht nur mehr bei den Lohnarbeiten ›niedrigster‹ Art, wie die Gewerbeordnung besagte, sondern überall, wo Menschhände und Menschengeist Arbeiten verrichten! Wir stehen in einer gewandelten Welt! Die Frauen gehen ihren Weg immer weiter aufwärts«[4] Und so weiter und so fort, bis zur Schlussapotheose, dass mit der Gleichberechtigung der Frau die »Erhebung und Erhöhung des ganzen Menschengeschlechtes«[5] erfolgen werde. »Wir haben in Wien mit der großen Illusion gelebt, dass wir die Generation der Vollendung sein werden«[6] erinnerte sich Maria Jahoda in einem Gespräch mit Franz Kreuzer.

Es kam ganz anders. Nicht einmal fünf Jahre später wurde nicht nur sozialdemokratische Frauenpolitik, sondern progressive, emanzipatorische Frauenpolitik als Ganzes verboten, unterdrückt und verfolgt.

Besonders drückte sich das auf dem Gebiet der Erforschung weiblicher Lebenszusammenhänge und dem Empowerment von Mädchen und Frauen aus. Anhand von drei Beispielen soll gezeigt werden, was unterdrückt wurde, aber auch ein paar Gedanken angeschlossen werden, was wäre, wenn diese Art von Forschung fortgesetzt worden wäre. Vieles wurde ja erst im Zuge der Frauenbewegung der siebziger Jahre in Form von Raubdrucken und Neuauflagen wieder entdeckt. Von den drei Forscherinnen konnte jedoch nur Marie Jahoda diese Renaissance erleben. Käthe Leichter wurde 1942 von den Nationalsozialisten ermordet. Elsa Köhler starb 1940 in Wien, in innerer Emigration.

Gegen die Herrenmoral –
Käthe Leichter, Antifaschistin und Pionierin der Forschung der Frauenarbeit

Über Käthe Leichters Lebenslauf und ihr tragisches Schicksal ist einiges publiziert worden.[7] Wenig beschäftigt hat man sich bisher mit Käthe Leichters wissenschaftlichen Arbeiten über Frauenarbeit und Frauenpolitik und ihren klaren und prophetischen Analysen der Auswirkungen des Faschismus auf die Lebenssituation der Frauen.

Anlässlich des 100. Geburtstages von Käthe Leichter hat die Arbeiterkammer dankenswerterweise einige dieser Analysen wieder veröffentlicht.[8] Käthe Leichter beschäftigte sich in mehreren Aufsätzen unmittelbar mit der Frauenpolitik des

Faschismus. Bereits im Juni 1932 setzte sie sich mit den wissenschaftlichen Theorien der Nationalökonomen der Universität Wien um Othmar Spann auseinander und stellte den Zusammenhang eindeutig fest: »Was von Hitler, Göbbels und Feder im Landsknechtton verkündet wird, das wird von den Herren der Wiener Universität um Othmar Spann in tiefgründigen wissenschaftlichen Darlegungen nachgewiesen: Die Frau ist minderwertig, ihr geringerer Lohn besteht zu Recht.«[9] Ausführlich zitierte Käthe Leichter einen Aufsatz aus dem »Ständischen Leben«[10] von Dr. Erwin Reininger »Wirtschaftsleistung der Frauen und ihre Entlohnung«. Ausgehend von der universalistischen Lehre Othmar Spanns, die von vornherein Lohnspannen rechtfertigt: Vorzugsleistungen haben Anspruch auf Vorzugsvergütungen, tritt Reininger gegen »demokratische Lohngleichmacherei« auf. Dabei kann es sich Reininger »nicht so einfach machen, wie die Reaktionäre alten Schlages, die gemeint haben, die Frau soll halt ins Haus zurück. Das sagt man vor den Wahlen, wenn man an die reaktionären Instinkte der Männer und auch- der Frauen appellieren will. Aber man weiß ganz gut, dass das nicht zu machen ist. Die kapitalistische Wirtschaft braucht ja schließlich die Frauenarbeit und die Unternehmer würden sich schönstens bedanken, wenn man das Kind mit dem Bade ausschütten und mit derart sentimentalen Begründungen ihnen die bestauszubeutenden Arbeitskräfte entziehen wollte.«[11] Also mussten die niedrigeren Frauenlöhne wissenschaftlich begründet werden. Reininger erfand den »schöpferischen Leistungslohn«, der nur den Männern vorbehalten wäre. »Führende Leistungen eignen vorzüglich den Männern« und »es hieße der Wirtschaft und dem gesamten Volkskörper einen schlechten Dienst erweisen, wollte man durch Angleichung der Frauenlöhne an die der Männer jeden Anreiz zur Bildung von Kapital höherer Ordnung vernichten.«[12] Käthe Leichter schloss diese Auseinandersetzung mit der Begründung, dass es wichtig wäre, sich damit auseinanderzusetzen, was auf den Universitäten den zukünftigen

Unternehmern verzapft würde. Denn sie würden im Brustton der wissenschaftlichen Überzeugung die niedrigen Frauenlöhne in Zukunft festsetzen.

In der Festschrift zum Frauentag 1933 geißelte Käthe Leichter die Heuchelei faschistischer Frauenpolitik, die einerseits den Frauen vorgaukelt, sie ihrer »eigentlichen Bestimmung« als Hausfrau und Mutter wiederzugeben, sie aus der Gehetztheit des Erwerbslebens herauszuholen, andrerseits die Frauen der Zwangsarbeit zuführt. Als Beispiel führte sie Reisarbeiterinnen von Vercelli an. Das faschistische Arbeitsgericht hatte Lohnabzüge bewilligt. Als daraufhin 1927 die Reisernte gefährdet war, weil die Frauen sich weigerten, zu diesen Bedingungen in den Reissümpfen zu arbeiten, wurden sie von den Gendarmen aus den Häusern geholt und per Schub zur Arbeit gebracht. »Anderthalb bis zwei Monate in Baracken zusammengepfercht, schlecht ernährt, einem männlichen Gruppenführer ausgeliefert, vom frühen Morgen bis zum Sonnenuntergang bis an die Knie im Wasser, gebückt und mit den Händen unter Wasser im Schlamm, auf den überschwemmten Geländen arbeitend«. »Ein Bericht aus Dantes Hölle ?- Nein, nur eine Schilderung der Frauenarbeit im faschistischen Italien«.[13]

Mit der Frauenpolitik des heimischen Faschismus setzte sich Käthe Leichter ebenfalls in mehreren Aufsätzen auseinander. Sie analysierte und verurteilte die Verlängerung der Frauenarbeitszeit mittels Notverordnung.[14] »Wenn die Frauen abgebaut werden, dann sitzen sie zu Hause im trauten Heim, haben nur für die Gemütlichkeit zu sorgen und dem heimkehrenden Mann die Sorgenfalten von der Stirn zu streicheln«.[15] Außerdem würden dann die Arbeitsplätze für die Männer frei. Anhand der Berichte der Gewerbeinspektoren bewies Käthe Leichter jedoch, dass Betriebsarbeit der Frauen zur leichter ausbeutbaren Heimarbeit wurde. Dass es infolge dieses Konkurrenzdruckes nicht zu Neueinstellungen von Männern kam. »Die Heimweber des Waldviertels, die früher voll gearbeitet haben, erhalten nur noch soviel Arbeit zugewiesen, dass

der Monatsbezug von 60 Schilling, bei dem der Unternehmer zur Zahlung von Arbeitslosenversicherungsbeiträge verpflichtet ist, nicht erreicht wird. So werden die Weber jetzt vor Erreichung des 60. oder 65. Lebensjahres so schwach beschäftigt, dass sie einen Anspruch auf Altersrente nicht erlangen«.[16]
Die von den Austrofaschisten erlassene Verordnung auf Grund des kriegswirtschaftlichen Ermächtigungsgesetzes vom 15. Dezember 1933 ging nach Käthe Leichter weit über die nationalsozialistischen Maßnahmen gegen Beamtinnen in Deutschland hinaus.[17] Diese Verordnung wurde als »Maßnahme gegen Doppelverdiener« populär. Besonders der letzte Absatz war besonders weltanschaulich geprägt. Hier galt das Eingehen einer Lebensgemeinschaft ohne Eheschließung als Dienstvergehen, das die Entlassung zur folge hat. Während bei Eheschließung nur der Dienstaustritt, aber immerhin mit Abfertigung erfolgte, und gewisse Gruppen von dieser Regelung ausgenommen wurden, galten die Folgen der Lebensgemeinschaft für alle Beamtinnen.[18]
In mehreren illegalen Flugblättern wendete sich Käthe Leichter an die Mütter und versuchte die scheinheilige Politik der Regierung ihnen gegenüber aufzuzeigen. »Der Muttertag 1936 steht im Zeichen eines neuen Weltkrieges. Keine Phrasen, keine vorgetäuschte Begeisterung, keine angeordnete Beflaggung werden die Mütter über das hinwegtäuschen, was ihnen droht.«[19]
Vor diesen Kampfschriften lagen jedoch die großen empirischen Arbeiten, die Käthe Leichter im Rahmen der Arbeiterkammer über die Frauenarbeit durchführte: 1926: Wie leben unsere Haugehilfinnen?[20] 1928: Wie leben die Wiener Heimarbeiter?[21] Und 1932: So leben wir.., 1320 Industriearbeiterinnen berichten über ihr Leben.[22] Diese Arbeiten bestechen nicht nur wegen der großen Anzahl der erfassten Fälle. (2831 Hausgehilfinnen, 1000 Heimarbeiter und Heimarbeiterinnen und 1320 Industriearbeiterinnen), sondern auch wegen des sorgfältigen Umganges mit dem empirischen

Material.[23] So wurden zum Beispiel von den 1500 Fragebögen, die zur Heimarbeiteruntersuchung zurückkamen, allein ein Drittel ausgeschieden. Trotzdem weist Käthe Leichter noch auf die »fühlbaren Mängel« hin, die jeder schriftlichen Erhebung anhaften. »Die Tendenz einzelne Verhältnisse krasser darzustellen, als es der Wirklichkeit entspricht (Löhne, Arbeitszeit), in anderen Fällen aber bestehende Missstände abzuschwächen (Kinderarbeit), ist zweifellos vorhanden.«[24] Bei der Hausgehilfinnenstudie gab Leichter zu bedenken, » das ›kleine Dienstmädel vom Land‹, das zu jedem Lohn arbeitet, keine Ahnung von seinen Rechten hat, hat den Fragebogen kaum erhalten oder ihn nicht zu beantworten gewusst.«[25] Da die Fragebögen über die Krankenkassen und die Hausgehilfinnenvereine ausgeschickt wurden, wurde eher die Elite der Hausgehilfinnen erfasst. In der Industriearbeiterinnen – Studie bediente sich Käthe Leichter der neu entwickelten Bildstatistik von Otto Neurath. In allen drei Studien wurde das Leben und nicht nur die Arbeitssituation zu erfassen versucht. Freizeitverhalten, Hausarbeit, Vorstellungen zur Erleichterung der Hausarbeit wurden ebenso erfragt, wie politische und gewerkschaftliche Organisierung. Bei den Fragen zur Einstellung zur eigenen Berufstätigkeit antworteten 50,6 Prozent der Frauen, dass sie den Beruf aus Zwang ausübten, 27,5 stellten die Berufsauswahl als Zufall hin und nur 21,9 Prozent übten den Beruf aus Neigung aus. Dementsprechend würden 95,3 Prozent der verheirateten Arbeiterinnen nur im Haushalt tätig sein, würde der Mann genug verdienen. Hier hatte Käthe Leichter den empirischen Beweis erfragt für die Verlockungen der politischen Parteien, die den Frauen Befreiung von Berufsarbeit versprachen. Obwohl Käthe Leichter, wie bereits dargelegt, warnte, dass dies nur leere Versprechungen seien, glaubte ihr die Mehrzahl der Frauen nicht und klammerte sich an den schönen Schein. Das nicht zuletzt deshalb, weil viele der Befragten mit der Hausarbeit allein zurecht kommen mussten und sich Erleichterungen, wie die Zentralisierung der

Hausarbeit gar nicht vorstellen konnten. 48,7 Prozent hatten keine Hilfe bei der Hausarbeit. Von denjenigen, die Hilfe hatten, waren es bei der Hälfte der Fälle die Mutter oder Schwiegermutter. Nur in 14,2 Prozent half der Mann. 12,6 Prozent fanden unter Tag Gelegenheit sich auszuruhen, um neue Kräfte zu schöpfen. »Ja, keine Frage hat bei den Arbeiterinnen so viel Befremden hervorgerufen, wie diese. Sich untertags hinlegen, ausruhen – das gibt es vielleicht für Damen, für Arbeiterinnen gibt es das nicht«.[26] Ein ganzer Fragenkomplex befasste sich mit Fragen nach Erleichterung der Hausarbeit. Dabei wurde auch die Zentralisierung und das Einküchenhaus als mögliche Erleichterung angegeben. Nur etwas mehr als ein Drittel der Befragten haben auf die Frage überhaupt geantwortet. Ansonsten wünschten sich die Frauen Einzelmaßnahmen, wie fließendes Wasser, Gas oder elektrischen Strom in der Wohnung. »Vielen erschien eine Gemeindewohnung als Inbegriff des vereinfachten Haushaltes«.[27] Über das Einküchenhaus meinten die Frauen öfters, dass es ein Traum wäre, aber zu teuer käme. Der kollektiven Kinderbetreuung standen die Befragten nicht so ablehnend gegenüber. Dennoch nahmen nur etwa ein Fünftel diese auch in Anspruch. Die Gründe für die Nichtbenutzung waren dieselben wie heute: nicht passende Öffnungszeiten, schlechte Erreichbarkeit, viel zu häufige Sperren der Kindergärten, vor allem in den Ferien. 17 Prozent aller Kinder unter 14 Jahren waren ohne Beaufsichtigung während der Berufsarbeit der Mutter.[28]

Das Bestechendste an den Studien von Käthe Leichter war jedoch nicht nur die umfassende Situationserhebung, sondern die ebenfalls mitgelieferten politischen Schlüsse und Empfehlungen. Im Falle der Heimarbeitsstudie war es sogar der ausformulierte Gesetzestext, um die Betroffenen vor Ausbeutung zu schützen. Erst in den Siebzigerjahren des zwanzigsten Jahrhunderts wurde entdeckt, dass Forschungsarbeiten neben einem Entdeckungs- und einem Begründungszu-

sammenhang auch einen Verwertungszusammenhang haben sollten. Dabei gab man sich aber auch schon mit Publikationen, Pressemitteilungen und Vorträgen zufrieden. Die »soziale Planung« war nur eine Form der Verwertung.[29]
Diese empirischen Pionieruntersuchungen Käthe Leichters stehen in der Literatur im Schatten des Handbuchs der Frauenarbeit in Österreich. Auf über 670 Seiten lässt Käthe Leichter hier die Arbeiterinnen selbst ihre Arbeitsplätze schildern. Neben den schriftlichen Berichten enthält das Handbuch aber auch 38 Abbildungen von Arbeiterinnen und Angestellten an ihren Arbeitsplätzen.[30] 1990 hatte die Wiener Arbeiterkammer überlegt, das historische Handbuch neu aufzulegen.[31] Auch das wäre angemessen. Viel wichtiger wäre jedoch eine Untersuchung der Lage der arbeitenden Frau in Österreich, inklusive der arbeitslosen Frauen, mit den Mitteln der heutigen Sozialforschung und in der umfassenden Sichtweise von Käthe Leichter durchzuführen. Die verdienstvollen Frauenberichte der Bundesregierung seit 1975 geben hier immer nur Teilaspekte wieder. Wie sehr die Erinnerung an Käthe Leichter noch immer Sprengkraft hat, zeigte die prompte Abschaffung der Käthe Leichter Staatspreise durch den blauen »Frauenminister«[32]

Die Beforschten als Mitarbeiter der Forschung betrachten – Marie Jahodas demokratischer Forschungsansatz

»Die Frau des Arbeitslosen, wer spricht von ihr? Was weiß man von ihr, ihren hundertfachen Sorgen und Leistungen? Da ist jetzt ein Buch erschienen. Genossin Maria Jahoda hat es gemeinsam mit Genossen Hans Zeisel geschrieben. Die Arbeitslosen von Marienthal«.[33] Käthe Leichters Rezension der eben erschienenen Studie brachte es bis heute auf den Punkt. Während die Arbeitslosigkeit den Männern den

Arbeitsinhalt und Lebensinhalt raubte, drückte die Arbeitslosigkeit der Männer den Frauen neue Belastungen auf. Besonders schwierig wurde die Situation für die arbeitende Frau eines Arbeitslosen. In der Studie über die Industriearbeiterinnen 1931 waren immerhin vier von zehn Arbeiterinnen mit arbeitslosen Männern verheiratet.[34] Obwohl sie Zeit gehabt hätten, übernahmen die arbeitslosen Männer nicht die Versorgungsarbeit in der Familie. Die geschlechtsspezifische Arbeitsteilung blieb aufrecht. Nie wieder wurde diese Situation derart akribisch in einer Studie dargelegt.[35]
Marie Jahoda war beim Erscheinen der Studie 26 Jahre alt, noch verheiratet mit Paul Lazarsfeld und hatte eine dreijährige Tochter. Fünf Monate nach dem Erscheinen des Buches in einem deutschen Verlag ist die restliche erste Auflage der Bücherverbrennung zum Opfer gefallen.[36] Auch mit einer weiteren soziologischen Pionierarbeit: »Arbeitslose bei der Arbeit«, die 1938 in Großbritannien fertig gestellt worden war, hatte Marie Jahoda kein Glück. Da die Ergebnisse dem Auftraggeber nicht gefielen, konnten sie erst 1989 veröffentlicht werden. Noch eine weitere Studie erlitt das gleiche Schicksal: »Ich machte eine Papierfabrik in Bristol ausfindig, die vierzehnjährige Mädchen direkt von der Schule weg für ungelernte, repetitive Tätigkeiten einstellte, und konnte die Manager überreden, auch mich zu den gleichen Bedingungen wie die Mädchen einzustellen.«[37] Darüber hinaus musste sie eine Abmachung schließen, dass die Manager der Veröffentlichung der Ergebnisse zustimmen müssten. Was sie schlussendlich verweigerten. »So fügte ich meiner Sammlung von gelungenen, aber unveröffentlichten Untersuchungen eine weitere hinzu«[38]
Zurück zu Marienthal. Über die neuen soziologischen und sozialpsychologischen Forschungsmethoden, die in dieser Studie entwickelt wurden, ist einiges publiziert worden. Die Methoden wurden vor allem in den USA weiterentwickelt. Wenig Nachfolge fand der politische Aspekt der Untersuchung: die

Menschen nicht als Untersuchungsobjekte, sondern als Mitarbeiter der Studie zu betrachten, wie Marie Jahoda in ihrem Gespräch mit Franz Kreuzer feststellte.[39] In diesem Sinne wurde auch konkrete Hilfe für die untersuchten Arbeitslosen organisiert: Kleidersammlungen bei Freunden in Wien, kostenlose Ordinationen von befreundeten Ärzten, Nähkurse und ähnliches.[40]

Im November 1936 wurde Marie Jahoda an ihrer Arbeitsstätte, der »Wirtschaftspsychologischen Forschungsstelle« verhaftet. Sie blieb bis 2. Juli 1937 in Haft. Freigelassen wurde sie nur auf Grund einer Intervention an Schuschnigg, der sich gerade in London aufhielt und mit der Auflage sofort das Land zu verlassen. Nach sehr emotionellen Tagen in Wien, die auch die Trennung von Tochter Lotte brachten – es wurde vereinbart, dass Lotte zunächst auf ein Jahr zu ihrem Vater, Paul Lazarsfeld, nach Amerika fahren sollte, bis Marie in England Fuß gefasst hatte- fuhr Marie mit nur zehn Pfund in der Tasche nach London. Sie lebte ja in der Illusion, dass für sie sofort ein Arbeitsplatz bereit stünde. In London stellte sich heraus, dass die im offiziellen Telegramm an die österreichische Regierung dargestellte Arbeitsstelle eine Erfindung war, um Maries Ausreise und Einreise nach England zu erleichtern. Danach begann für sie das Schicksal vieler Emigranten. Jede Arbeit wurde angenommen. Die Armut dauerte etwa drei Monate, dann vermittelten Freunde für sechs Monate ein Stipendium, danach arbeitete Marie Jahoda für ein Möbelhaus, für Marks and Spencer und im Krieg von London aus für »Radio rotes Wien«[41]

Marie Jahoda ist ein Beispiel dafür, dass in Österreich die Vertreibung nicht erst 1938 eingesetzt hat. Leider wird diese Vertreibung noch immer nicht als Unrecht gesehen. So hieß es noch 1998 in einem Bescheid der oberösterreichischen Landesregierung, dass die Ausbürgerung eines Schutzbündlers aus Steyr am 11.3.1936 rechtens war. »Diese Feststellung erfolgte auf der Grundlage des Staatsbürgerschaftsgesetzes vom 30.7.1925 und ist somit auch aus heutiger Sicht als rechtsgültig anzusehen«.[42] Damit anerkannte die oberösterreichische Landesregierung, von keinerlei Zweifel geplagt, die politische Vertreibung durch die austrofaschistische Regierung. Nicht einmal das Jahr des Ausbürgerungsbescheides, 1936, das Jahr der großen Schauprozesse gegen die Sozialdemokraten in Österreich, machte Herrn Dr. Stummer, der das Schreiben 1998 verfasste, stutzig. Selbst dort, wo guter Wille vorhanden ist, wird die Sache schwammig: »Zwischen 1934 und 1938 mussten rund 150.000 Österreicher wegen der Judenverfolgung oder aus politischen Gründen das Land verlassen.«[43] Nein, 1934 bis 1938 war es eine rein politische Vertreibung von Österreichern durch Österreicher. Da es kein Unrechtsbewusstsein gibt, gibt es auch keine Entschädigungen oder Rechtsansprüche.

Französischlernen ohne Leiden – Elsa Köhlers revolutionärer Sprachunterricht ohne Vokabelstucken und Grammatikpauken

Wieweit das Ausmaß der Unterdrückung von emanzipatorischer Forschung und in diesem Fall im Bereich der Mädchenerziehung ging, lässt sich am besten am Beispiel Elsa Köhler zeigen. Im Gegensatz zu Marie Jahoda und Käthe Leichter war Elsa Köhler nie parteipolitisch engagiert. Ihre Forschungen und Lehrmethoden betrieb sie jedoch im Rahmen der Freiheiten, die die Glöckelsche Schulreform ihr erlaubte. Deshalb musste sie 1934 gehen. Sie wurde nicht eingesperrt, aber zwangspensioniert.[44]
Die schulpolitisch-pädagogische Konzeption der Glöckelschen Schulreform umfasste Problembereiche, die noch heute in der Schuldiskussion von Bedeutung sind: die Schule sollte demokratisch werden. In alle schulischen Bereiche wurden demokratische Formen der Mitbestimmung und demokratiegetragene Inhalte eingeführt. Damals bedeutete dies vor allem die

Entmilitarisierung der Schulen. Anstelle der kasernenhaften Kargheit wurden die Klassenzimmer mit Blumen und Bildern geschmückt. Die Lehrer saßen inmitten der Kinder. Das Exerzieren im Turnunterricht wurde abgeschafft. Kinder, Eltern und Lehrer waren in der Schulgemeinde zusammengefasst. Damit sollte auch den Eltern und den Schülern selbst Mitsprache in der Schule gegeben werden. »Wissen ist Macht« – von diesem Wissen waren die Kinder der Armen ausgeschlossen. Daher strebte Glöckel die sozial gerechte Schule an. Bildungsprivilegien sollten abgebaut werden. Die Diffamierung der sozial und finanziell Schwächeren, die Diskriminierung der Mädchen und die Benachteiligung der Kinder aus dem ländlichen Bereich beseitigt werden. Dies gipfelte in der einheitlichen Schulform: der einheitlichen vierklassigen Volksschule folgte die einheitliche vierklassige Mittelschule mit innerer Differenzierung und Wahlfächern.

Kindgemäßes Lernen und Arbeiten sollte den militärischen Drill der alten Schule ersetzen. Damit war ein grundsätzlicher Wandel in der Methodik verbunden. Anstelle der Stoffdarbietung durch den Lehrer trat die Erarbeitung durch die Kinder. Durch die Arbeitsschule sollten die Kinder ihre Umwelt und neue Erkenntnisse selbständig erfassen.

Mit dem Sturz der Monarchie wurde die Verbindung von Thron und Altar bedeutungslos. Der konfessionelle Unterricht wurde nur mehr auf freiwilliger Basis durchgeführt. Das konfessionelle Schulgebet in den Religionsunterricht verwiesen. Auch Nichtkatholiken konnten nunmehr Leiter von Staatsschulen mit katholischer Schülermehrheit werden.

Die alte Schule der Monarchie war die Domäne der Juristen und der Militärs. Jetzt sorgen die Juristen nur mehr für gesetzlich einwandfreie Formulierungen von Schulgesetzen. Die pädagogischen Angelegenheiten sollten einzig und allein von den Pädagogen bestimmt werden.[45] Dementsprechend wurden umfangreiche Forschungs- und Begleitstudien durchgeführt. Eine eigene Zeitschrift »Schulreform« berichtete laufend über

Der tiefe Sturz 91

diese Forschungen.⁴⁶ Die Schlagworte der neuen Schule waren: Demokratisierung der Schule, die sozial gerechte Schule, die Vitalisierung der Schule, die weltliche Schule, die entmilitarisierte Schule und die wissenschaftsfundierte Schule.
Aus den Kadettenanstalten und Offizierstöchterinstituten wurden zunächst Staatserziehungsanstalten, die in Bundeserziehungsanstalten umbenannt wurden. 1924 erschien ein umfangreiches Werk mit einem ersten Überblick über die Tätigkeit der Bundeserziehungsanstalten. Trotz aller Lippenbekenntnisse zur Emanzipation der Frauen berichteten allerdings nur männliche Autoren. Und nur über die Bundeserziehungsanstalten für Knaben.⁴⁷
Über die Reformtätigkeit, die in den Anstalten für Mädchen durchgeführt wurde, gibt es nur wenige Aufzeichnungen. Über die Bundeserziehungsanstalt Boerhaavegasse ebenso wenig wie über die anderen.
Die Pädagogin und Wissenschafterin Elsa Köhler, die in der Reformpädagogik der zwanziger und dreißiger Jahre eine bedeutende Rolle spielte, ist in Österreich kaum bekannt. Daher zunächst einige biografische Daten. Die adelige Offizierstochter, Elisabeth Köhler von Dammwehr, wurde am 24. Februar 1879 in der Garnisonsstadt Lemberg in Polen, am äußersten Rand des damaligen habsburgischen Mitteleuropa, geboren. Es war das 31. Regierungsjahr von Kaiser Franz Josef I. Zur Silbernen Hochzeit von Franz Josef und Elisabeth im Jahr 1879 zog ein Festzug von hunderttausenden zelebrierenden Wienern, mit dem Künstler Hans Makart an der Spitze, den Ring entlang. Das Kaiserreich stand an seinem Höhepunkt.
1899, zwanzigjährig, machte Elsa Köhler die Reifeprüfung als Volksschullehrerin. Im selben Jahr trat sie ihre erste Anstellung als Erzieherin der Kinder von Erzherzogin Marie Valerie an. In den folgenden Jahren studierte sie an den Universitäten Wien und Grenoble Französisch. 1910 macht sie die Lehramtsprüfung und unterrichtete anschließend an verschiedenen Mädchenmittelschulen. Ihr Leben verlief in relativ konventio-

nellen Bahnen. Erst als sie bereits vierzig Jahre alt war, kam für Elsa Köhler die große Veränderung.
Der Erste Weltkrieg und die Errichtung der Republik bedeuteten für Elsa Köhlers Gesellschaftsschicht sicherlich den Zusammenbruch einer heilen Welt. Für Elsa Köhler als Frau eröffneten sich jedoch neue Perspektiven. Im Zuge der Schulreform in der Ersten Republik wurden die Institutionen errichtet, in denen sie Raum und Unterstützung für ihre Kreativität finden sollte. Für Elsa Köhler waren das in erster Linie die Bundeserziehungsanstalt in der Boerhaavegasse im dritten Wiener Gemeindebezirk und das Pädagogische Institut der Stadt Wien. 1920 kam sie, wie viele österreichische Lehrerinnen und Kinder, im Rahmen eines von schwedischen Kolleginnen in den Nachwehen des Ersten Weltkrieges organisierten Erholungsprogramms nach Vaburg an der schwedischen Westküste. Die Zeit in Schweden war für Elsa Köhler auch der Beginn einer engen Freundschafts- und Arbeitsbeziehung mit Ingeborg Hamberg, aus der schließlich eine Lebensgemeinschaft werden sollte.
1921 wurde Elsa Köhler in der Bundeserziehungsanstalt Wien III als pragmatisierte Lehrerin in Französisch angestellt. Die Unterrichtsräume, von Elsa Köhler das »französische Heim« genannt, bestanden aus einem gemütlich eingerichteten Bibliotheksraum und einem sehr flexiblen Raum mit Stühlen und Tischen. »Wie ein Wohnzimmer«, erinnert sich eine ehemalige Schülerin. Für die Finanzierung der Einrichtung dieser Räume hatten die Schülerinnen durch Theateraufführungen von Stücken von Moliere selbst gesorgt.
Elsa Köhler sprach mit ihren Schülerinnen nur französisch. Sie wandte sich gegen die Diktatur des Lehrbuches und kam selbst ohne Lehrbuch aus. Die ersten vier bis sechs Wochen machte sie die Kinder vor allem mit der französischen Aussprache vertraut. Das führte dazu, dass ihre Schülerinnen akzentfrei sprechen konnten. [48] Auch die schwedischen Schülerinnen lernten akzentfrei Deutsch und konnten dies bis ins hohe Alter. [49]

Elsa Köhlers progressiver Unterricht wurde allerdings nicht von allen begrüßt. Er weckte Widerstand bei den Kolleginnen, die abschätzig vom »Zirkus Köhler« sprachen.[50] Sie gestaltete das Prinzip der Arbeitsschule in einer eigenen radikalen Form. Die Prinzipien hinter der Arbeitsschule waren jedoch nur der Ausgangspunkt für die von ihr entwickelte »Aktivitätspädagogik«. Vertrauend auf die Selbstständigkeit der Schülerinnen schloss sie mit ihnen einen Vertrag. In diesem verpflichten sich die Schülerinnen zu selbständigem Arbeiten. Für Bibliotheksdienste und Hilfe für schwächere Schülerinnen gab es gewählte Posten. Jede Klasse wählte eine Arbeitsleiterin unter den Schülerinnen. Diese führte die Klasse während der Abwesenheit der Lehrerin. Das Vertrauen in die Selbsttätigkeit ihrer Schülerinnen war groß – und das zu Recht. Die Klassen führten auch während eines einmonatigen Aufenthaltes von Elsa Köhler in Paris und Varberg selbständig den Unterricht weiter. Größten Wert legte Elsa Köhler auf die wissenschaftliche Begleitung ihrer Schulversuche. In enger Anlehnung an die Forschungen von Karl und Charlotte Bühler wurden Beobachtungsprotokolle angelegt. Ihre Methode der begleitenden Forschung ist unter der Bezeichnung *»Situationspädagogische Forschung«* bekannt und greift in ihrer Arbeitsweise eigentlich der »Aktionsforschung« vor.

Elsa Köhler war eine der kreativsten Lehrerinnen der Wiener Schulreform. Sie ist aber, außer bei ihren Schülerinnen, in Österreich weitgehend vergessen. In Schweden, wo Elsa Köhler ebenfalls ihre Reformtätigkeit ausübte, ist sie prominent in den pädagogischen Standardwerken vertreten. Elsa Köhler musste zusehen, wie ihr gesamtes Lebenswerk 1934 in Österreich ausgelöscht wurde. Direktmethode und selbstständiges Lernen wurden abgeschafft. Die Schule war wieder »katholisch und autoritär«, »sittlich-religiös«, »vaterländisch und sozial-volkstreu«. Die vormilitärische Erziehung wurde wieder eingeführt.[51]

Eine Hoffnung blieb Elsa Köhler jedoch. Die Hoffnung auf bessere Überlebenschancen der von ihr entwickelten Idee in Schweden.

Was wäre wenn ...

Auf den empirischen Forschungen von Käthe Leichter aufgebaut worden wäre? Wenn aus diesen Daten die entsprechenden gesetzlichen Maßnahmen gesetzt worden wären, wie Käthe Leichter es vorschlug? Wenn die Arbeiterinnen nicht nur als Objekte, sondern als Menschen mit Fähigkeiten und Begabungen gesehen worden wären? Als Mitarbeiterinnen von Forschung, wie Marie Jahoda es forderte? Wenn Schülerinnen und Schüler Fremdsprachen lustvoll und akzentfrei erlernt hätten, nach den Methoden von Elsa Köhler? Kein Waldheimfranzösisch und kein Schwarzeneggerenglisch mehr. Jahrzehntelange Schülerqualen wären vermieden worden.

Die Diktatur des Ständestaates hat dem ein Ende bereitet, die Nationalsozialisten haben das Zerstörungswerk noch grausamer vollendet. Nach dem Zweiten Weltkrieg gab es nicht mehr die revolutionäre Kraft, den reaktionären Schutt beiseite zu räumen.

Anmerkungen

1 Popp, Adelheid: Der Weg zur Höhe, Wien 1929
2 Popp, Adelheid: Der Weg zur Höhe, Wien 1929, Seite 129
3 Popp, Adelheid: Der Weg zur Höhe, Wien 1929, Seite 130
4 Popp, Adelheid: Der Weg zur Höhe, Wien 1929, Seite 132
5 Popp, Adelheid: Der Weg zur Höhe, Wien 1929, Seite 132
6 Kreuzer, Franz, Jahoda, Marie: Des Menschen hohe Braut, Deuticke, Wien 1983, Seite 7
7 allen voran Herbert Steiners Biographie: Käthe Leichter- Leben und Werk, Europaverlag, Wien 1973, aber auch unter anderen: Hauch, Gabriella: Käthe Leichter geb. Pick. Spuren eines Frauenlebens. In: Archiv, Jahrbuch des Vereins für Geschichte der Arbeiterbewegung 8/1992, S97-122, oder Serloth, Barbara: Käthe Leichter, eine unortho-

doxe Sozialdemokratin im austromarxistischen Umfeld, in Ingrisch-Korotin-Zwieauer: Die Revolutionierung des Alltags, Peter Lang, Frankfurt am Main, 2004

8   Käthe Leichter zum 100. Geburtstag, Arbeiterkammer Wien 1995
9   Leichter, Käthe: Wissenschaft und Nationalsozialismus im Kampf gegen höhere Frauenlöhne, in: Die Frau, Juni 1932, Neudruck in: Käthe Leichter zum 100. Geburtstag, AK Wien 1995, Seite 176
10 «der wissenschaftlichen Zeitschrift, in der Herr Othmar Spann den Segen der faschistischen Wirtschaftsverfassung predigt und die Studenten der Nationalökonomie die Lehren erfahren, die sie jetzt zu antisemitischen Ausschreitungen und später zu Wirtschaftsführern befähigen sollen«, ebenda Seite 176
11 Leichter, Käthe: Wissenschaft und Nationalsozialismus im Kampf gegen höhere Frauenlöhne, in: Die Frau, Juni 1932, Neudruck in: Käthe Leichter zum 100. Geburtstag, AK Wien 1995, Seite 176
12 Leichter, Käthe: Wissenschaft und Nationalsozialismus im Kampf gegen höhere Frauenlöhne, in: Die Frau, Juni 1932, Neudruck in: Käthe Leichter zum 100. Geburtstag, AK Wien 1995, Seite 179
13 Leichter Käthe: Zurück ins Haus? – Hinein in die Zwangsarbeit! Festschrift Frauentag 1933, neu gedruckt in: Käthe Leichter zum 100. Geburtstag, AK Wien, 1995, Seite 184
14 Leichter, Käthe: Es geht um ein Prinzip, Die Frau, August 1933, neu gedruckt in: Käthe Leichter zum 100. Geburtstag, AK Wien, 1995, Seite 190 -192
15 Leichter, Käthe: Wenn die Frauen abgebaut werden …, Arbeiter-Zeitung, 7. November 1933, neu gedruckt in: Käthe Leichter zum 100. Geburtstag, AK Wien 1995, Seite 195
16 Leichter Käthe: Wenn die Frauen abgebaut werden..., Arbeiter-Zeitung, 7. November 1933, neu gedruckt in: Käthe Leichter zum 100. Geburtstag, AK Wien, 1995, Seite 197 irgendwie erinnert mich diese Passage an die »neuen Dienstnehmer« an geringfügig Beschäftigte, freie Dienstnehmer, etc von heute.
17 Leichter Käthe: Wem nützt es? Die Frau, Februar 1934, neu gedruckt in: Käthe Leichter zum 100. Geburtstag, AK Wien, 1995, Seite 209
18 Leichter Käthe: Wem nützt es? Die Frau, Februar 1934, neu gedruckt

in: Käthe Leichter zum 100. Geburtstag, AK Wien, 1995, Seite 211
19 Leichter, Käthe: Muttertag? Flugblatt der Revolutionären Sozialisten 1936, neu gedruckt in: Käthe Leichter zum 100. Geburtstag, AK Wien, 1995, Seite 216
20 Leichter, Käthe: Wie leben unsere Hausgehilfinnen?, in: Arbeit und Wirtschaft, September 1926, neu gedruckt in: Käthe Leichter zum 100. Geburtstag, AK Wien, 1995, Seite 59 ff
21 Leichter, Käthe: Wie leben die Wiener Heimarbeiter? Verlag »Arbeit und Wirtschaft«, Wien 1928
22 Leichter Käthe: So leben wir...1320 Industriearbeiterinnen berichten über ihr Leben, Wien 1932
23 Ich selbst habe zehn Jahre lang Statistik und empirische Sozialforschung in der Akademie für Sozialarbeit unterrichtet und weiß diese Genauigkeit und Umsicht daher besonders zu schätzen.
24 Leichter Käthe: Wie leben die Wiener Heimarbeiter? Verlag »Arbeit und Wirtschaft«, Wien 1928, Seite 6
25 Leichter Käthe: Wie leben unsere Hausgehilfinnen? in: Arbeit und Wirtschaft, September 1926, neu gedruckt in: Käthe Leichter zum 100. Geburtstag, AK Wien, 1995, Seite 59
26 Leichter Käthe: So leben wir...1320 Industriearbeiterinnen berichten über ihr Leben, Wien 1932, Seite 65
27 Leichter Käthe: So leben wir...1320 Industriearbeiterinnen berichten über ihr Leben, Wien 1932, Seite 67
28 Leichter Käthe: So leben wir...1320 Industriearbeiterinnen berichten über ihr Leben, Wien 1932, Seite 76
29 Zum Beispiel: Friedrichs, Jürgen: Methoden empirischer Sozialforschung, Rowohlt, Hamburg 1973, Seite 50 ff.
30 Als ich 1977 für die Stadt Wien eine Ausstellung zur Situation der Frau in Wien im Wiener Rathaus zusammenstellte, war eine derartige Fotogalerie von arbeitenden Frauen der Gegenwart nicht aufzutreiben.
31 Fröschl, Sigrid: Käthe Leichter zum 100. Geburtstag, AK Wien, 1995, Seite 9
32 2005 wurden die Preise wieder vergeben. Auch ich konnte mein Scherflein durch hartnäckiges Stellen von Anträgen und Briefeschreiben dazu beitragen.

33 Leichter Käthe: Die Frau des Arbeitslosen, in: Die Frau, Oktober 1933, neu gedruckt in: Käthe Leichter zum 100. Geburtstag, AK Wien, 1995, Seite 192

34 Leichter Käthe: So leben wir...1320 Industriearbeiterinnen berichten über ihr Leben, Wien 1932, Seite 13

35 Während in der Mitte der Neunzigerjahre noch einige Studien über arbeitslose Frauen in Österreich gemacht wurden, verzeichnet der Hauptkatalog der Nationalbibliothek ab 2000, trotz Rekordarbeitslosigkeit, keine derartigen Studien mehr.

36 Kreuzer Franz, Jahoda Marie: Des Menschen hohe Braut, Deuticke, Wien 1983, Seite 19

37 Jahoda, Marie: Ich habe die Welt nicht verändert, Campus Verlag, Frankfurt/Main, 1997, Seite 69

38 Jahoda Marie: Ich habe die Welt nicht verändert, Campus Verlag, Frankfurt/Main 1997, Seite 69

39 Kreuzer Franz, Jahoda Marie: Des Menschen hohe Braut, Deuticke, Wien 1983, Seite 17

40 Kreuzer Franz, Jahoda Marie: Des Menschen hohe Braut, Deuticke, Wien 1983 Seite 16

41 Jahoda, Marie: Ich habe die Welt nicht verändert, Campus Verlag, Frankfurt/Main, 1997, Seite 65 ff

42 Bescheid der Oberösterreichischen Landesregierung an Rita Oskarovna Matyuschenko, Kopie des Dokumentes im Besitz der Verfasserin. Diese Dokumente von zwei Fällen der gnadenlosen Republik gegenüber den Töchtern geflohener Schutzbündler wurden von Peter Traschkowitsch, dem unermüdlichen Kämpfer für die Rechte von Ausländer/innen und Asylwerber/innen, an mich herangetragen.

43 Dieses Zitat stammt aus dem Artikel: Vertreibungen wirken bis heute nach, Der Standard, 24.9.2005

44 Irgendwie kommt einem das bekannt vor. Wie viele Beamte wurden während der blauschwarzen Regierung 2000 bis 2006 »freiwillig« frühpensioniert? Im Übrigen erging es den sozialdemokratischen Lehrern schlechter: von 500 Schulleitern wurden 102, ohne Angabe von Gründen mit einem Schlag des Dienstes enthoben. Aus: Dachs, Herbert: »Austrofaschismus« und Schule in: Talos, Emmerich,

Neugebauer Wolfgang (Hg): Austrofaschismus, 5. Auflage, LIT Wien, 2005, Seite 184.

45 Siehe Achs Oskar, Krassnig Albert: Drillschule-Lernschule – Arbeitsschule, Jugend und Volk, Wien, 1974

46 Fadrus Viktor, Linke Karl, Hsg: Schulreform, Schulwissenschaftlicher Verlag A. Haase, Wien

47 Fadrus Viktor, Burger Eduard, HSG: Die österreichischen Bundeserziehungsanstalten, Deutscher Verlag für Jugend und Volk, Wien-Leipzig-New York, 1926

48 Dies wurde in den Interviews, die Lars Karlsson im Rahmen seiner Dissertation mit überlebenden Schülerinnen von Elsa Köhler in Österreich und Schweden durchführte, immer wieder betont. Außerdem erklärten die Schülerinnen, dass der Unterricht interessant war. Karlsson, Lars: Leka,lära,öva,arbeta,verkskapa, Elsa Köhler en österrikisk aktivitetspedagog i Sverige, Lund Studies in Education 7, Lund University Press, 1998

49 Köhler, Elsa: Zur Praxis des französischen Anfangsunterrichtes an Mittel- und Hauptschulen, Österr. Bundesverlag, Wien 1928

50 Karlsson, Lars: Leka,lära,öva,arbeta,verkskapa, Elsa Köhler en österrikisk aktivitetspedagog i Sverige, Lund Studies in Education 7, Lund University Press, 1998; Seite 109

51 Krasser, Robert: Ständestaat und Schule, Grundsätzliches zur österreichischen Schulerneuerung, deutscher Verlag für Jugend und Volk, Wien 1936. Diese Festschrift für Bürgermeister Richard Schmitz, fasst unter den zitierten Begriffen die Vernichtung der Glöckelschen Schulreform triumphierend zusammen.

Neda Bei

Krampus, Gott, Führer

Zum männlichen Subjekt des Austrofaschismus

1. Vorbemerkung

Wenn es um die Frage geht, was Faschismus konstituiert, werden im faschismustheoretischen Mainstream Frauen- oder auch Körperpolitik nicht selbstverständlich mitgedacht – dieser Satz ist noch immer richtig. Das Thema des Symposiums »Frauenpolitik im Ständestaat« berührte diese Ausgrenzung zugleich mit dem noch immer bei weitem nicht ausreichend erforschten Austrofaschismus.

Das Symposium fand im Dezember 2004 an zwei Abenden statt. Kurzfristig für meine Kollegin Gerlinde Hauer (Hauer / Moritz 2003) eingesprungen, konnte ich nur am zweiten Abend teilnehmen, der Fragen der Politik und der Kontinuität gewidmet war. In meinem Diskussionsbeitrag fasste ich einen Essay zum Gottesbezug der so genannten »ständestaatlichen Verfassung« zusammen (Bei 2004); aktuelle frauenpolitische Bezüge ergaben sich aus punktuellen Berichten zu den Auseinandersetzungen im Österreich-Konvent bis Ende 2004. Ich möchte hier das an diesem Abend mehr oder weniger Extemporierte nachtragen.

Irmtraut Karlsson hatte in der Diskussion jenes merkwürdige männliche Subjekt des Austrofaschismus angesprochen, das sich eine politische Öffentlichkeit über die Ausgrenzung von Frauen schuf und einem rückwärtsgewandten Ideologie-Mix anhing. Dieser Ideologie-Mix, meinte Karlsson, habe von einer komplementären Geschlechtsrollenzuweisung für das so nicht mehr existierende Ganze Haus bis hin zum christlichen

Kreuzrittertum deutsch-nationalen Gepränges oszilliert. Ich gehe deshalb auch auf diesen »Ideologie-Mix« und, auf Anregung von Brigitte Lehmann, auf den österreichischen Cartell-Verband ein.

Die Diskussion in den Räumen des Republikanischen Clubs neben dem Café Hebenstreit erinnere ich als offen und heuristisch. Daran möchte ich anknüpfen.

2. Zum Begriff »Austrofaschismus«

Die Verwendung des Begriffs »Austrofaschismus« für das politische System von März 1933 bis März 1938 ist in Österreich noch immer nicht selbstverständlich. Emmerich Tálos interpretiert die Vielzahl der Bezeichnungen für dieses System – »Ständestaat«, »autoritärer Staat« – nicht nur im Zusammenhang mit unterschiedlichen Auffassungen über Bestimmungsfaktoren und Fragen der Periodisierung. Er sieht sie auch als Zeichen für die Konfliktintensität eines Themas, zu dessen Tabuisierung im politischen und wissenschaftlichen Diskurs die bis Mitte der 60er Jahre andauernde Koalition zwischen ÖVP und SPÖ entscheidend beitrug (»Koalitionsgeschichtsschreibung«; Tálos 2005, Vorwort).

In diesem Klima galt der gewählte Begriff als Kennung weniger einer wissenschaftlichen denn einer politischen SprecherInnen-Position. Die Begriffsverwendung »austrofaschistisch« kennzeichnete in der Regel die Gegnerschaft oder Nicht-Zugehörigkeit zum christlich-sozialen »Lager«. Als bemerkenswerte Ausnahme möchte ich den Kunschak-Preisträger und christlichen Gewerkschafter Ludwig Reichhold zitieren:

> Die Beseitigung der Parteien nach dem 12. Februar 1934, die zwangsweise Auflösung der Sozialdemokratischen Partei – das war selbstverständlich Faschismus; die Auflösung der sozialistischen Freien Gewerkschaften, deren Zusammenspiel mit der Sozial-

demokratischen Partei am 12. Februar 1934 so wenig funktioniert hat, daß der angestrebte Generalstreik zu einem beinahe totalen Versager geworden ist – auch das war natürlich Faschismus; die Schaffung einer politischen Monopolorganisation, der Vaterländischen Front, das war nicht weniger Faschismus; die zwangsweise Einführung einer verfassungsmäßig verankerten berufsständischen Ordnung, die den Menschen nicht mehr als Staatsbürger mit der Totalität seiner Interessen, sondern nur noch als Angehörigen eines Berufszweiges zur Kenntnis nahm, während sie ihn von der Mitbestimmung in allen übrigen Belangen ausschloß – auch das war waschechter Faschismus; die Rolle der Heimwehr als Einpeitscher dieser staatlichen Neuordnung, einer Heimwehr, die im Sinne des Korneuburger Eides »nach der Macht im Staate« griff, im Sinne Othmar Spanns einen eigenen »Staatsstand« ins Leben rufen wollte, sich ausdrücklich als Glied der faschistischen Bewegung deklarierte und ausgedehnte Beziehungen zum »Duce« unterhielt – das war erst recht waschechter Faschismus.

Immer wieder ist versucht worden, diesen Erscheinungen eine andere, nichtfaschistische Deutung zu geben: die Auflösung des Parteienstaates als eine staatliche Notstandsmaßnahme hinzustellen, die Zwangsauflösung der Sozialdemokratischen Partei mit der »Schuld« dieser Partei an der Februarrevolte zu erklären, die Beseitigung der Freien Gewerkschaften mit deren enger Verbindung zur Sozialdemokratischen Partei zu interpretieren, die Errichtung des Gewerkschaftsbundes mit autoritärer Lenkung und autoritärer Führung der Mitglieder als ein Provisorium zu bezeichnen, die Vaterländische Front als Sammlung der vaterländischen Kräfte zur Abwehr der nationalsozialistischen Bedrohung zu deuten, der berufsständischen Ordnung die Zielsetzung der päpstlichen Enzyklika »40imo anno« zu unterschieben und die Heimwehr als Abwehrorganisation gegen vaterlandsverräterische Umtriebe zu verharmlosen. Das einzige, das man allen diesen Umdeutungen zubilligen kann, ist jedoch das schlechte Gewissen, das in ihnen seinen Niederschlag findet.

In Wirklichkeit stand hinter der Zwangsauflösung der Sozialdemokratischen Partei der Wille, das entscheidende Hindernis

> der angestrebten »Neuordnung« des Staates aus dem Wege zu räumen; hinter der Errichtung der berufsständischen Ordnung die Entschlossenheit, mit dem parlamentarischen Staat aufzuräumen, und hinter dem Ö[sterreichischen] Heimatschutz stand Mussolini als geistiger Nährvater und politischer Auftraggeber.
>
> Das alles als »Christlichen Ständestaat« zu bezeichnen und damit an die edelsten Gefühle, an die erhabensten Überlieferungen und an das soziale Gewissen des österreichischen Volkes zu appellieren, war daher ein starkes Stück. (Ludwig Reichhold: Opposition gegen den autoritären Staat 1934 – 38, Wien 1964.)

Die Verwendung des Begriffs »Austrofaschismus« kann sich erstens auf die rezente nicht-österreichische Faschismusforschung stützen. Diese zeigt, dass die von den Christlich-Sozialen betriebene Zerstörung demokratischer Institutionen auf das Auslöschen der Sozialdemokratie und nicht, wie apologetisch behauptet, auf den Schutz Österreichs vor dem Faschismus zielte; der christlich-soziale Populismus nährte eine eigene Form des faschistischen Denkens (Lewis 2003).

Für die österreichische Diskussion haben zweitens Emmerich Tálos und Wolfgang Neugebauer in der überarbeiteten und erweiterten fünften Auflage ihres Standardwerks »Austrofaschismus« neue, umfassende Grundlagen für die Pertinenz dieser Begriffsverwendung gelegt. Tálos/Neugebauer sehen den Austrofaschismus als politisches System durch einen »Mix einschneidender Veränderungen auf allen Ebenen« gekennzeichnet. Nicht ohne auf Probleme mit der Quellenlage hinzuweisen und eine Fülle von Desiderata zu nennen, fordern sie einen genauen Blick auf die Differenz zwischen Legitimationsmechanismen und gesellschaftlich-historischer Realität. Dieses Postulat wird meiner Meinung nach auch insofern vom Gegenstand bestimmt, als der Austrofaschismus ein repressives politisches System war, für das Maßnahmen der Propaganda und Zensur konstitutiv waren.

Welche Bedeutung Rechtsnormen und Rechtssetzung für dieses und in diesem System hatten, ist nicht evident. Einem maßgeblichen Teil austrofaschistischer Rechtsnormen kommt aus heutiger Sicht Unrechtscharakter zu. Adamovich/Funk haben das Herausarbeiten von Widersprüchen zwischen normsetzender Tätigkeit und Regierungspropaganda einerseits, der historischen Faktizität andererseits bei der Darstellung und Analyse der Verfassungsbrüche ab März 1933 als rechtswissenschaftlichen Standard gesetzt (Adamovich/Funk 1997). Bei näherer Betrachtung zeigt sich ein spezifisch scheinhafter und widersprüchlicher austrofaschistischer Legalismus (Bei 2004, 166 ff; 197 ff). Diesen können wir als Arbeitshypothese auch für die Annäherung an andere Regelungszusammenhänge als die Verfassung annehmen.

3. Krampus

Irene Bandhauer-Schöffmann, eine Pionierin der Erforschung von Frauen im Austrofaschismus, ging in einer weiteren grundlegenden Arbeit der Frage nach, inwiefern der »Christliche Ständestaat« ein Männerstaat war, Frauen aus der politischen Öffentlichkeit ausschloss und ihren Status als Staatsbürgerinnen auch rechtlich änderte. Als zentrale Maßnahme in diesem Zusammenhang betrachtet sie die so genannte »Doppelverdienerverordnung«.
Bundeskanzler Ender hatte bereits im Frühjahr 1931 Maßnahmen gegen das »Doppelverdienertum« angekündigt; die Frauenorganisationen im christlich-sozialen Bereich positionierten sich zu diesem Vorhaben, dann zu dessen Verwirklichung unterschiedlich. Die so genannte »Doppelverdienerverordnung« aus dem Dezember 1933 und deren legistische Änderungen 1934 sieht Bandhauer-Schöffmann gegen die Erwerbstätigkeit von Frauen gerichtet und kommt zu folgender Einschätzung:

»Auch wenn mit dem Abbau der Beamtinnen im Bundesdienst – bei den weiblichen Angestellten in der Privatindustrie konnte die VF [Vaterländische Front] nur Firmenleitungen bitten, kein Doppelverdienertum zuzulassen – für Männer keine tatsächliche Verbesserung am Erwerbsarbeitsmarkt erreicht wurde, war das Gesetz aus ideologischen Gründen für das austrofaschistische Regime wichtig. [...] Wie viele Frauen jedoch tatsächlich abgebaut wurden, kann auf Grund mangelnder Daten nicht gesagt werden.« (Bandhauer-Schöffmann 2005, 275 f., eckige Klammern von mir hinzugefügt.)

Wir stoßen also an eine Grenze in der Quellenlage, wenn wir dem erwähnten Methodenpostulat im Bezug auf das Tatsächliche nachkommen wollen. War die Doppelverdienerverordnung eine symbolische Maßnahme? Als zeitgenössische Kommentatorin dieser Maßnahme zitierte Käthe Leichter als Indiz dafür den Leitartikel der *Reichspost* vom 21. Dezember 1933; nach Meinung der *Reichspost* brächte die österreichische Doppelverdiener-Verordnung wohl im Augenblick niemandem einen Vorteil, es ginge jedoch »um Fragen des autoritären christlichen Kurses«, wobei »Weltanschauung gegen Weltanschauung« stünde (Käthe Leichter: Wem nützt es? Die Frau, Februar 1934; zitiert nach FS Leichter, 212).

3.1. Doppelverdienertum als Ideologem – die Sicht Käthe Leichters

Käthe Leichter war als 1925 eingesetzte Leiterin des Frauenreferats der Wiener Arbeiterkammer bis zu ihrer Entlassung im Februar 1934 umfassend mit der Realität von Frauenarbeit und Frauenarbeitslosigkeit konfrontiert. Sie beschrieb und analysierte bereits während der zwanziger Jahre, wie der Druck auf Arbeiterinnen und weibliche Angestellte durch Arbeitslosigkeit, betriebliche Rationalisierungen und den

Abbau arbeits- und sozialrechtlicher Schutzvorschriften zunahm.
In mehreren Texten äußerte sie sich zum »Doppelverdienertum«, das sie als Ideologem und dieses wiederum als Phänomen einer internationalen ökonomischen Krise begriff:

> Und schließlich rüttelt die Krise an dem Recht der Frau auf Erwerbsarbeit überhaupt. Wie? Millionen Menschen sind arbeitslos, Familienväter sollen feiern müssen, während Frauen in immer größerer Zahl die Arbeitsplätze einnehmen! Sollten da nicht zweckmäßigerweise die Frauen den Männern Platz machen? So entsteht gerade in der Wirtschaftskrise der Kampfruf gegen die Erwerbstätigkeit der Frau, der verheirateten insbesondere, die es ›doch nicht notwendig hat‹, zu verdienen. In Deutschland und Belgien, in England und in den Vereinigten Staaten, in Holland und Österreich ist dieses Schlagwort in der Krisenzeit aufgetaucht. Aber wie hat es sich tatsächlich ausgewirkt?
> Jeder Versuch, die Frau aus dem Betrieb zu verdrängen, hat die Zahl der Frauen vermehrt, die bei unkontrollierter, schlecht bezahlter Heimarbeit den Männern in den Betrieben viel gefährlichere Konkurrenz machen, hat das Angebot an weiblichen Arbeitskräften, die sich um jeden Lohn anbieten, gesteigert, die Zahl der billigen Hilfsarbeiterinnen vermehrt, weil Berufsarbeit, die nur bis zur Ehe ausgeübt werden darf, selbstverständlich die Proletariereltern abhält, Kosten in die Berufstätigkeit der Mädchen zu investieren. (Frauenarbeit im internationalen Sozialismus. In: Arbeit und Wirtschaft, 15. Juli 1931, in: FS Leichter 158 f).

Dass die Doppelverdiener-Ideologie gegen die Erwerbstätigkeit der Frauen an sich gerichtet war, zeigt Leichter an Beispielen aus der nationalsozialistischen Agitation: »Die Seidenstrümpfe der Bauernmagd, die polierten Fingernägel der Verkäuferin, ja sogar die Brillanten der Arbeiterin feiern jetzt wieder fröhliche Urständ«. Sie sah zu Beginn der 30er Jahre einen Zusammenhang zwischen der faschistischen Herrenmenschen-Ideologie, die Frauen auf die private Hausarbeit beschränken wollte, und dem Zurückdrängen der weiblichen Erwerbstätigkeit in der Krise. Die Scheinhaftigkeit der angestrebten Beschränkung auf Häusliches und Heim zeigte sich demnach nicht nur im Druck auf den Arbeitslohn, sondern auch insbesondere im Druck auf den Lohn der Frauenarbeit. Paradigmatisch führt sie Maßnahmen des faschistischen Regimes in Italien an, das Frauen bereits 1931 zur Zwangsarbeit in die Reissümpfe von Vercelli trieb (Leichter, Zurück ins Haus? – Hinein in die Zwangsarbeit! Frauenarbeit im faschistischen System. Frauentag 1933. In: FS Leichter 186 f). Ging es um qualifizierte Arbeitsplätze, wurde der männliche Führungsanspruch pseudowissenschaftlich untermauert; »führende Leistungen eignen vorzüglich den Männern«, zitiert Käthe Leichter Dr. Erwin Reininger aus der Zeitschrift »Ständisches Leben«, und sprach von der »primitiven Männerrechtlerei der Herren um Othmar Spann« (Wissenschaft und Nationalsozialismus im Kampf gegen höhere Frauenlöhne!, Die Frau, Juni 1932. In: FS Leichter 177 f).

3.2. »Krampuserlass«
- »Abbau verheirateter weiblicher Personen«

Als Dienstgeber konnte der Staat die Erwerbstätigkeit von Frauen im öffentlichen Dienst und alle rechtlichen Bedingungen des Dienstverhältnisses bis hin zu disziplinären Konsequenzen selbst regeln (»Diensthoheit«). Chronologisch gesehen, war dem Dollfuß-Regime bei den Maßnahmen gegen das »Doppelverdienertum« im öffentlichen Dienst der NS-Staat durch ein Gesetz aus dem Juni 1933 vorangegangen (Leichter: Doppelverdienersorgen im Dritten Reich, Die Frau, Jänner 1934).

Ich möchte nun auf die Erstfassung der austrofaschistischen »Doppelverdiener-Verordnung, deren Aufbau und Wortlaut eingehen.[1] Diese war eine jener im Grunde verfassungswidrigen, jedoch nach der Ausschaltung des Parlaments im März 1933 zur Regel gewordenen Regierungsverordnungen, die auf das Notverordnungsrecht nach dem Kriegswirtschaftlichen Ermächtigungsgesetz 1917 (KWEG) gestützt waren. Ihr vollständiger Titel lautete: »Verordnung der Bundesregierung vom 15. Dezember 1933 über den Abbau verheirateter weiblicher Personen und andere dienstrechtliche Maßnahmen« (BGBl 1933, Nr. 545). Betroffene nannten sie vielfach, so eine Zeitzeugin[2], »Krampuserlass«, was wohl nicht nur dem Verlautbarungsdatum verdankt war.

Der Titel der Verordnung bezeichnete ihren Anwendungsbereich zwar vollständig, jedoch nicht genau; so gab er keinen Aufschluss darüber, welche »anderen« dienstrechtlichen Maßnahmen gemeint waren. Der »Abbau« jedenfalls sollte bis Ende Februar 1934 durchgeführt sein.

Die kasuistische Regelung erfasste im ersten Abschnitt sowohl Beamtinnen als auch Vertragsbedienstete (»verheiratete weibliche Personen, die in einem aktiven Dienstverhältnis zum Bund stehen«), deren Ehegatte

- in bestimmten Bereichen des öffentlichen Dienstes tätig war;
- am 1.1.1933 einen Anspruch auf einen fortlaufenden Ruhegenuss des Dienstgebers oder eines von diesem miterhaltenen Fonds hatte; und
- dessen Einkommen bestimmte, detailliert angegebene Grenzen überstieg (§ 1 Abs 1).

Der persönliche Geltungsbereich der Bestimmungen, die nur für verheiratete Frauen galten, wurde über Eigenschaften des Ehegatten bestimmt. Die Festlegung der Einkommensgrenzen zeigt sowohl einen patriarchalischen als auch einen Klassencharakter und folgte dem Grundsatz: Je höher die Schulbildung des Ehemannes, umso höher die Einkommensgrenze und die – theoretische – Wahrscheinlichkeit, dass die Ehefrau nicht den Doppelverdiener-Vorschriften unterlag. Vorweg dazu Käthe Leichter:

> [...] so wird sie mit Ende Februar abgebaut, wenn ihr Mann im Monat mehr als 340 S, bei Mittelschulbildung 400 S und bei Hochschulbildung 460 S Gehalt hat. Von der höheren Bildung des Mannes wird also ein Recht auf höhere Lebenshaltung abgeleitet. Ob die Frau sich mühsam zu einem Mittel- oder Hochschulstudium durchgekämpft hat, bleibt außer Betracht. Die Einkommensgrenze des Mannes erhöht sich um weitere 60 S für ein, um 180 S für zwei und um 300 S für drei Kinder, und um weitere 60 S für jede Person, die zu erhalten ist. Diese Einkommensgrenze wäre also tatsächlich gar nicht so eng gezogen. Schlimm ist aber, daß zu dem Einkommen des Mannes der Pensionsanspruch der Frau hinzugerechnet wird. Wenn also beispielsweise der Mann eine kleine Beamten- oder Lehrstelle mit 240 S im Monat hat, die Frau aber einen Pensionsanspruch von 110 S, so muß sie abgebaut werden. Der Abbau aber erfolgt unter Außerachtlassung aller gesetzlichen Kündigungsbestimmungen. Schon im nächsten Monat werden die Frauen aus dem Beruf, dem sie bisher angehört haben, gerissen. (Käthe Leichter: Wem nützt es? In: Die Frau, Februar 1934, FS Leichter, 209.)

Die Verpflichtung des Bundes zum »Ausscheiden« der Beamtin oder weiblichen Vertragsbediensteten trat ein, wenn ihr Ehemann einen der folgenden Dienstgeber hatte:

- Bund, Land, Bezirk, alle sonstigen öffentlich-rechtlichen Körperschaften;
- einen öffentlichen, von einer öffentlich-rechtlichen Körperschaft verwalteten Fonds (Stiftung, Anstalt);
- den Kriegsgeschädigtenfonds, das Dorotheum, die Nationalbank;
- die Unternehmung »Österreichische Bundesbahnen«.

Die Verordnung hatte also einen sehr weiten Anwendungsbereich.

Signifikant waren die Ausnahmen von der Abbauverpflichtung des Bundes. War der Ehegatte bei einer »Religionsgenossenschaft« beschäftigt, galt diese nicht als »öffentlich-rechtliche Körperschaft« im Sinn der Verordnung (§ 1 Abs 2). Hatte weiters der Ehegatte für mehr als drei Kinder zu sorgen, sollte die Vorschrift über das Ausscheiden seiner Ehefrau aus dem Dienstverhältnis zum Bund nicht zur Anwendung kommen (§ 1 Abs 3; Privilegierung der Mehrkindfamilie).

Im zweiten Abschnitt der Verordnung beschränkte die Bundesregierung den Zugang von Frauen zum öffentlichen Dienst durch weitere Maßnahmen:

- Sie untersagte erstens bei Nichtigkeit die (Neu-) Aufnahme verheirateter Frauen als Bundesbeamtinnen (§ 7 Abs 1 erster Satz); für die Aufnahme weiblicher Vertragsbediensteter galt das gleiche Verbot, wenn der Ehemann in einem der oben aufgezählten Bereiche des öffentlichen Dienstes mit einem bestimmten Einkommen tätig war (§ 7 Abs 1 zweiter Satz).
- Hatte zweitens eine Bundesbeamtin oder Vertragsbedienstete bereits Anspruch auf einen Ruhegenuss, war die Eheschließung »dem freiwilligen Dienstaustritt« gleichzuhalten und begründete einen Abfertigungsanspruch (§ 7 Abs 2); war dies nicht der Fall, galt die Bedienstete als am Tag der Eheschließung vom Dienstgeber gekündigt (§ 7 Abs 4).

In einem weiteren Schritt – Abschnitt III – dehnte die Verordnung das Aufnahmeverbot für verheiratete Frauen und die Fiktion des freiwilligen Dienstaustritts bei Eheschließung sinngemäß auf alle jene weiblichen Bediensteten aus, die bei den vom Bund verwalteten Fonds, Stiftungen und Anstalten beschäftigt waren. Das gleiche galt für verheiratete weibliche

Bedienstete des Dorotheums und der Österreichischen Bundesbahnen (§ 8). Signifikant auch hier die Ausnahmen; auf folgende Gruppen weiblicher öffentlich Bediensteter fanden die erwähnten Zugangsbeschränkungen auf Grund des Status als Ehefrau keine Anwendung:

- auf Frauen, deren Dienstverhältnis durch das SchauspielerG 1922 geregelt war (vgl etwa die Bedeutung der Bundestheater für Österreich-Ideologie und Propaganda);
- auf die – vermutlich unentbehrlichen – Leiterinnen der Postämter III. Klasse (Postexpedientinnen);
- auf die Arbeiterinnen der Tabakregie;
- auf land- und forstwirtschaftliche Arbeiterinnen (§ 10 Abs 1).

Weitere Ausnahmen konnte der Bundesminister für Unterricht für weibliche Lehrkräfte mit hervorragenden Leistungen an der Staatsakademie für Musik und darstellende Kunst verfügen (§ 10 Abs 2). Es war vor allem die Ausweitung der Ausnahmebestimmungen, die die christlich-sozialen Frauenorganisationen anstrebten, um die Auswirkungen der Doppelverdienerverordnung zu mildern (Bandhauer-Schöffmann 275 f.).

3.3. »Krampuserlass«
- »andere dienstrechtliche Maßnahmen«

Diese »anderen dienstrechtlichen Maßnahmen« umfassten zwei Regelungen, die nach dem Wortlaut für Frauen und Männer galten. Abschnitt IV sah eine Meldepflicht für eine Erwerbstätigkeit neben dem Bezug eines Ruhegenusses vor (§ 11). Abschnitt V (§ 8) schließlich normierte das Eingehen einer Lebensgemeinschaft ohne Eheschließung als Dienstvergehen – Sanktion war die Entlassung – für folgenden Personenkreis:

- für »Angestellte des Bundes«, für deren Dienstverhältnisse nach dem B-VG [sic!] ausschließlich der Bundesgesetzgeber zuständig war;
- für Bedienstete der vom Bund verwalteten Fonds, Stiftungen und Anstalten sowie des Dorotheums;
- für Bedienstete der Österreichischen Bundesbahnen.

Ein wesentlicher Teil dieser Regelung steht in der Tradition der Zölibatsregelungen des 19. Jahrhunderts; trotz des Gleichheitsgebots im Bundes-Verfassungsgesetz 1920 waren solche Regelungen in den 1920er Jahren für Landeslehrerinnen in einigen Bundesländern wieder eingeführt worden (Bandhauer-Schöffmann 273).

3.4. »Wem nützt es?«

Aus der zeitgenössischen Sicht Käthe Leichters kam der »Doppelverdiener-Verordnung« ein überschießender, insbesondere über die NS-Gesetzgebung (Juni 1933) hinausgehender Charakter zu. Leichters Kommentare sind hilfreich, um Inhalt und Auswirkungen dieser Maßnahme besser zu verstehen (Käthe Leichter: Wem nützt es? In: Die Frau, Februar 1934, FS Leichter, 208 ff).

Wie sie ausführt, richtete sich der erste Teil der Doppelverdienerbestimmungen gegen bereits verheiratete Frauen im Bundesdienst, deren Abbau unter »Außerachtlassung aller gesetzlichen Kündigungsbestimmungen« erfolgte. Der Abbau traf demnach »besonders gewisse höher qualifizierte Kategorien von Frauen im öffentlichen Dienst« wie Lehrerinnen, Ärztinnen, Fürsorgerinnen, Pflegerinnen und Verwaltungsbeamtinnen, mit Ausnahme von Schauspielerinnen und Leiterinnen gewisser Postämter. Leichter kommentierte auch, wie bereits erwähnt, die auf Einkommensgrenzen abstellende Regelungstechnik.

Der zweite Teil der Doppelverdienerbestimmungen – Aufnahmestopp für verheiratete Frauen, Abbau bei Eheschließung – traf nach Leichter

> eigentlich alle und gerade die proletarischen Frauenschichten und die ledigen Frauen am schwersten, denn von nun an soll keine verheiratete Frau mehr im öffentlichen Dienst Arbeit finden, soll aber vor allem die Verheiratung einer Frau im Staatsdienst als Dienstaustritt gelten. (Käthe Leichter: Wem nützt es? In: Die Frau, Februar 1934, FS Leichter, 210.)

Im Unterschied zum ersten Abschnitt der Verordnung kam es hier nicht mehr darauf an, ob der Ehemann öffentlich Bediensteter war. Leichter unterstreicht, dass auch die zahlreichen Arbeiterinnen des Bundes (zB Staatsdruckerei) – mit Ausnahme der Tabakarbeiterinnen und Landarbeiterinnen – von diesen Bestimmungen betroffen waren.

> Wenn beispielsweise die Bedienerin einer staatlichen Krankenanstalt, die drei Kinder hat, einen Hilfsarbeiter, ja einen Arbeitslosen heiratet, so muss sie aus dem Dienst scheiden. Wenn eine Pflegerin oder Fürsorgerin wegen ihrer Heirat den Dienst aufgegeben hat und nach Jahren, wenn ihr Mann arbeitslos geworden, wieder gezwungen ist, ihren Dienst auszuüben, so hat sie keinerlei Aussicht, im öffentlichen Dienst, der für ihre Berufstätigkeit vor allem in Betracht kommt, wieder Verwendung zu finden. Was soll das alles noch mit dem in der Öffentlichkeit begründeten Zweck der Verordnung, mit der Bekämpfung übermäßigen Doppelverdienertums, zu tun haben?

Die Abbaubedingungen bedeuteten nicht zuletzt Pensionsverlust und Abfertigungen, die weit hinter dem Angestelltengesetz zurückblieben. »Die staatliche Pflegerin, die junge Fürsorgerin und Lehrerin, die Staatsarbeiterin und Bedienerin müssen sich also darauf einstellen, daß für sie ein

Heiratsverbot gilt« (Käthe Leichter: Wem nützt es? In: Die Frau, Februar 1934, FS Leichter, 211.)
Das Verbot freier Lebensgemeinschaften ging darüber allerdings noch hinaus. Es galt für Frauen und Männer, und es galt, wie Käthe Leichter unterstrich, auch für die vom Heiratsverbot ausgenommenen Frauen (Schauspielerinnen, Postexpedientinnen, Tabakarbeiterinnen). Während die Eheschließung einer weiblichen öffentlich Bediensteten »nur« den Dienstaustritt mit Abfertigungsanspruch zur Folge hatte, war das Eingehen einer Lebensgemeinschaft disziplinarrechtlich mit Entlassung sanktioniert.

> »Obwohl der Lebensgefährte gar keine Verpflichtung zur Erhaltung der Lebensgefährtin hat, obwohl eine solche Lebensgemeinschaft jederzeit gelöst werden kann, hat sie den sofortigen Verlust des Postens zur Folge. Das Zusammenleben zweier öffentlicher Angestellter könnte sogar zu einer zweifachen Entlassung führen. Fraglich ist es dabei, ob schon bestehende Lebensgemeinschaften davon betroffen werden, oder ob nur das Gründen neuer verboten ist. Daß das alles mit der Bekämpfung des Doppelverdienertums nicht das Geringste zu tun hat, braucht wohl nicht erst auseinandergesetzt zu werden.« (Käthe Leichter: Wem nützt es? In: Die Frau, Februar 1934, FS Leichter, 211 f.)
> »Das Verbot der Lebensgemeinschaft droht zu unerträglicher Moralschnüffelei zu führen. Nicht einmal das Dritte Reich ist mit seinem Frauenabbau so weit gegangen.« (Käthe Leichter: Wem nützt es? In: Die Frau, Februar 1934, FS Leichter, 206.)

Wir können aus Leichters Text auf die tatsächliche Durchführung nur Rückschlüsse ziehen. Andererseits können wir davon ausgehen, dass die Regelungen eine Frauenbeschäftigung im öffentlichen Dienst trafen, die sich ab dem Ende des 19. Jahrhunderts, seit der Beschäftigung von Telefonistinnen und Postbediensteten zu verfestigen begann, und daher auch Identität stiftete. Ebenso können wir den

Hinweis auf das Frauenstudium als Indiz für eine beginnende Feminisierung des auch »gehobenen« öffentlichen Dienstes verstehen.

Es ist, wie Brigitte Lehmann meinte, durchaus fraglich, ob die »Krampuserlass« genannte Verordnung auf ungeteilte Zustimmung von BefürworterInnen und SympathisantInnen des Dollfuß-Regimes stieß. Der von Käthe Leichter zitierte Leitartikel der *Reichspost* vom 21. Dezember 1933 (Titel: »Plädoyer des Widerspruchs«) kann zur Rechtfertigung der Maßnahmen letztlich nur Austeritätsrhetorik anbieten:

> Es ist klar, Demagogenlorbeeren sind aus dieser stacheligen Materie nicht herauszuholen, ebenso wenig wie etwa bei der Budgetsanierung. Auch die beste und genialste Lösung derartiger Probleme vermag für den Augenblick niemandem Vorteile zu bringen, sie kann nur vorbereitende Arbeit leisten für eine glücklichere Zukunft. Es gehört jener Mut und jene Tatkraft, wie sie den Schöpfer der Doppelverdienerverordnung auszeichnen dazu, hier frisch anzupacken und furchtlos in die Nesseln zu greifen. [...] Popularitätshascherei kann die Gegenwart nicht brauchen; was ihr nottut und allein helfen kann, das sind Männer, Führer, die aus dem Bewusstsein ihrer Verantwortung, aus dem kategorischen Imperativ ihres Pflichtgefühls heraus, aus Liebe zu Volk und Heimat handeln und nicht nach allen Seiten hin nach dem Beifall der wandelbaren Menge horchen. [...] Es mag gewiß richtig sein, dass jeder Schritt zur Bekämpfung des Doppelverdienertums zu Härten führt, obwohl es ebenso wahr ist, dass in der Verordnung Härten möglichst vermieden sind. [...] Aber durch untätiges Zuschauen, weil der Mut zur Verantwortung fehlt, werden die Dinge nur noch andauernd schlimmer. Endlich einmal muß der Chirurg das Messer ansetzen. Nur Unverstand oder – gewissenlose Demagogie wird ihm daraus einen Vorwurf machen.
>
> [...] Philisterhafte Oberflächlichkeit mag tausendmal über das Diktum gesunder Volksmeinung, dass die Frau ins Haus gehöre, spotten, es bleibt doch richtig und ist sozial gesund, dass die Frau,

> die durch Heirat die Verpflichtung, einen Haushalt zu führen, mitbekommen und übernommen hat, ins Haus und von berücksichtigenswerten Einzelfällen abgesehen, nicht in die Kanzleistube gehört. Das ist nicht ein »Eheverbot« oder »Zölibat«, [...] das ist einfach die logische Folge des Berufswechsels. [...]
> Hier steht Weltanschauung gegen Weltanschauung. Ziel des autoritären Regierungskurses ist der christliche, soziale, deutsche Staat. Wer diesen will, kann unmöglich Verhältnisse in der Beamtenschaft dieses Staates wollen oder dulden, die ein Hohn auf dessen christlichen Charakter wären.

Mit den »Verhältnissen« waren die Lebensgemeinschaften ohne Eheschließung, oder, um einen kirchenrechtlichen Ausdruck zu verwenden, die Konkubinate, mitgemeint.

3.5. Maskulinisierung des öffentlichen Dienstes

Die »Doppelverdiener«-Verordnung stand für disziplinierende Eingriffe, die weit in die berufliche und in die private Existenz reichten; Käthe Leichter verstand sie darüber hinaus als moralistische Schikane und betonte ihre ideologische Bedeutung. Der Verordnung waren im Jahr 1933 direkte Einschnitte in die Rechte von ArbeiterInnen und Angestellten vorangegangen, so bei der Arbeitszeit (Juni 1933) und der Dauer des Arbeitslosengeldbezuges (April und Juli 1933). Hinzu kamen die bekannten Eingriffe in die Gewerkschaftsfreiheit (Einheitsgewerkschaft, 2. März 1933; Streikverbot vom 21. April 1933) oder in die Pressefreiheit – und das ganze Gewicht repressiver Maßnahmen, um diese Eingriffe durchzusetzen (vgl Neugebauer 2005).

Ein weiterer Kontext ist die austrofaschistische Politik der kleinen Schritte zur Ausschaltung anderer Parteien als der Regierungspartei, im Näheren die dienstrechtlichen Maßnahmen und der Umgang mit dem Berufsbeamtentum ab März

1933. Peter Huemer sieht diese Maßnahmen vor allem gegen die NSDAP gerichtet, beschreibt sie jedoch in ihrer grundsätzlichen Dimension, der angestrebten Angleichung von Beamtenschaft und Heer:

- Mit dem Runderlass (Ministerratsbeschluss) vom 31. März 1933 wurden die Beamten den Heeresangehörigen gleichgeschaltet; die Affinitäten zu den im Heeresbereich in einer jahrelangen Zermürbungstaktik erreichten Einschränkungen der politischen Rechte von Heeresangehörigen sind deutlich. Es galten nunmehr im Dienst Verbote der »abfälligen Kritik am Staat und an den verantwortlichen Staatsorganen in Wort oder Schrift, während des Dienstes oder außerhalb desselben«; für den Dienst verfügte Verbreitung parteipolitischer Druckschriften sowie der Einhebung von der Erlass Verbote der parteipolitischen Betätigung, des Tragens von Abzeichen, der Mitgliedsbeiträgen. Zugleich wurde das Denunzieren von Verstößen gegen diese Verbote zur Dienstpflicht gemacht.
- Dollfuß sprach sich Ende April 1933 am christlich-sozialen Parteitag für NÖ und eine Woche später am Bundesparteitag in Salzburg für eine verschärfte und spezifische Auffassung der Treuepflicht der Beamten aus, die auch Freizeit und Ruhestand umfasse; er sprach nunmehr von einem »Treueverhältnis zur Regierung«, nicht zur Republik.
- Wesentliche Verschärfungen des Beamten-Disziplinarrechts brachte die Regierungsverordnung vom 10. Mai 1933, BGBl 173: Entlassung bei »geflissentlicher« Förderung »staats- oder regierungsfeindliche(r) Bestrebungen«; neuerliche Vereidigung auf die Regierung (wiederum: nicht auf die Republik); neues Disziplinarverfahren vor eigens gebildeten Disziplinarkommissionen;

- Verschärfung des Disziplinarrechts in der Heeresverwaltung (V 26.5.1933);
- Verbot der Zugehörigkeit zur NSDAP oder zum Steirischen Heimatschutz (Runderlass 13.6.1933). (Huemer 232 – 235.).

Abgesehen davon, dass das Heer für Freud neben der Kirche ja Paradigma der künstlichen Masse ist (Freud 1974 [1921]), möchte ich die von Huemer herausgestellte Angleichung von Heer und Beamtenschaft als Indiz der Maskulinisierung des öffentlichen Dienstes, im Weiteren auch der Öffentlichkeit, verstehen. Sie lässt uns jene Uniform tragenden Männer und Männermassen assoziieren, die auf so vielen zeitgenössischen Fotodokumenten zu sehen sind und die offiziöse austrofaschistische Repräsentation visuell dominieren (vgl Kriechbaumer 2002). Die männlichen Bundesbeamten und Beamtenanwärter der allgemeinen Verwaltung erhielten im engen zeitlichen Zusammenhang mit der »Doppelverdienerverordnung« das Recht, eine Uniform für Bundesbeamte zu tragen.
Die Verordnung vom 7. Dezember 1933, BGBl 536, betreffend Uniformen für Bundesbeamte legt die Uniform für verschiedene Beamtenränge und die Anlässe des Tragens von Uniform (Säbel) minutiös fest und enthält auch graphische Darstellungen (ich nehme an, dass die Beamtenuniform mit Degen zu Beginn der Republik abgeschafft wurde). Es gab eine Light-Version für Innenräume und Sommer sowie eine Galauniform; »der Kragen des Galarockes und seine Ärmel sind mit Samtaufschlägen in der Ressortfarbe versehen« (Punkt 2 B Abs 1 der Allgemeinen Uniformierungsabschrift in der Anlage zur Verordnung vom 7. Dezember 1933, BGBl 536, betreffend Uniformen für Bundesbeamte). Die Ressortfarben reichten von »pompadourrot« (Bundeskanzleramt) über »veilchenblau« (Justiz), »kornblumenblau« (Unterricht), »lichtgrün« (Finanzen), »tegethoffblau« (Handel und Verkehr), »orangegelb« (Generaldirektion für die Post- und Tele-

graphenverwaltung), »dunkelgrün« (Land- und Forstwirtschaft), »krapprot« (soziale Verwaltung), »steingrün« (Landesverteidigung) bis hin zu »schwarz« für die Bediensteten der obersten Organe (Präsidentschaftskanzlei, VfGH, VwGH und Rechnungshof; Punkt 8 der zitierten Verordnung). Aus den graphischen Darstellungen gehen zumindest für die Schirmmütze die Anklänge an die Uniformen des Bundesheeres deutlich hervor, die wiederum im Mai 1933 durch den »Traditionserlass« auf das Vorbild der Monarchie zurückgeführt wurden. (Kriechbaumer 2002, 141). Bereits sehr früh hatte übrigens die austrofaschistische Monopolisierung des Uniformtragens in der Öffentlichkeit eingesetzt (V 4.5.1933, womit ein Uniformverbot erlassen wird, BGBl 164).

4. Gott

Käthe Leichter unterstrich, dass das in der »Doppelverdiener-Verordnung« statuierte Sonderrecht für Frauen im öffentlichen Dienst verfassungswidrig war und legte dabei das Gleichheitsverständnis des Artikel 7 des B-VG als Maßstab an: »Alle Staatsbürger sind vor dem Gesetz gleich. Vorrechte der Geburt, des Geschlechtes, des Standes, der Klasse und des Bekenntnisses sind ausgeschlossen« (Artikel 7 Absatz 1 B-VG 1920 idF 1929). Der »erste große Einschnitt« durch die »Doppelverdiener-Verordnung« in die staatsbürgerliche Gleichberechtigung, die die Frauen mit der Ersten Republik erhalten hatten, sollte, wie Irene Bandhauer-Schöffmann ausführt, nachträglich durch den Gesetzesvorbehalt zu Artikel 16 Abs 2 der austrofaschistischen »Mai-Verfassung« 1934 »legalisiert« werden (Bandhauer-Schöffmann 258), oder anders gesagt, den Anstrich verfassungsrechtlicher Zulässigkeit und Legitimität erhalten.

4.1. Artikel 16 der »Mai-Verfassung«

Artikel 16 – im zweiten Hauptstück über »Allgemeine Rechte der Staatsbürger« – lautete vollständig:

> Artikel 16. (1) Alle Bundesbürger sind vor dem Gesetze gleich. Sie dürfen in den Gesetzen nur soweit ungleich behandelt werden, als es sachliche Gründe rechtfertigen. Insbesondere sind Vorrechte der Geburt, des Standes oder der Klasse ausgeschlossen.
> (2) Frauen haben die gleichen Rechte und Pflichten wie die Männer, soweit nicht durch Gesetz anderes bestimmt ist.
> (3) Die öffentlichen Ämter sind allen vaterlandstreuen Bundesbürgern, die den vorgeschriebenen Erfordernissen entsprechen, gleich zugänglich.
> (4) Den öffentlichen Angestellten ist die ungeschmälerte Ausübung ihrer politischen Rechte gewährleistet, sofern nicht diese Verfassung selbst Ausnahmen enthält.
> (5) Für Personen, die in der bewaffneten Macht dienen oder berufsmäßig für sie Dienste leisten, ferner für Staatsbedienstete, die im öffentlichen Sicherheitsdienste tätig sind, kann das Gesetz Beschränkungen politischer oder sonst verfassungsgesetzlich gewährleisteter Rechte einführen (Verordnung der Bundesregierung vom 24. April 1934 über die Verfassung des Bundesstaates Österreich, BGBl I 239, ausgegeben am 30. April 1934, samt Anhang, hier kurz: »Verfassungs-Verordnung«).

Diese Bestimmung zielte nicht nur auf den bisherigen allgemeinen Gleichheitssatz, wie er in Artikel 7 B-VG formuliert war, sondern auch auf andere Grundrechte:

- Nach ihrem Absatz 1 waren Privilegien auf Grund des Geschlechtes und des Bekenntnisses nicht mehr verboten.
- Nach Absatz 2 konnte die verbleibende Geschlechtergleichheit durch »Gesetze« – de facto: Regierungsverordnungen – weiter eingeschränkt werden. Die bürger-

lich-liberale Frauenbewegung befürchtete, wie Bandhauer-Schöffmann erwähnt, neuerliche Frauendiskriminierungen auf der Grundlage dieser neuen Bestimmung, gegen die auch katholische Frauenorganisationen Vorbehalte hatten. Die – einem liberalen Grundrechtskatalog wesensfremde – Hinzufügung von »Pflichten« zeigt, dass Befürchtungen in Richtung patriarchalischer Restauration und Willkür nicht substanzlos waren. Die ständische Konzeption des Berufsbürgers schloss Frauen, die ja nur häuslich tätig sein sollten, im Grunde aus der politischen Öffentlichkeit aus und konstituierte somit den Staatsbürger als Berufsbürger männlich (Bandhauer-Schöffmann 259).

- Absatz 3 schränkte den Grundsatz der gleichen Zugänglichkeit öffentlicher Ämter ein und schuf damit die engere legitimatorische Grundlage für Zugangsbeschränkungen zum öffentlichen Dienst (vgl Artikel 3 des Staatsgrundgesetzes vom 21. Dezember 1867, RGBl. Nr 142).[3] Sowohl Artikel 7 B-VG als auch Artikel 3 StGG 1867 über die allgemeinen Rechte der Staatsbürger waren ohne Gesetzesvorbehalt formuliert; sie ermächtigten den einfachen Gesetzgeber nicht zur näheren, insbesondere nicht zur einschränkenden Durchführung.[4]
- Wie die Absätze 4 und 5 zeigen, steht Art 16 der austrofaschistischen Verfassungs-Verordnung im bereits angesprochenen Kontext der politischen Disziplinierung von Beamtenschaft, Heeresangehörigen und auch der Polizei.

4.2. Die »Mai-Verfassung« ist eine Non-Verfassung

Die Bezeichnung des zitierten Artikel 16 als Verfassungsbestimmung ist im Grunde problematisch. Die so genannte »Mai-Verfassung« ist die Anlage zu einer, auf das KWEG gestützten und nach Maßstäben des B-VG 1920 mehrfach verfassungswidrigen Regierungsverordnung. Diese Anlage wurde wortgleich am 1.Mai 1934 kundgemacht (»Mai-Verfassung«). Meiner Meinung nach ist die Bezeichnung »Non-Verfassung« zutreffender.

Die verschachtelte Regelungstechnik der Non-Verfassung zeigt, dass und wie sehr das Dollfuß-Regime auf widersprüchliche Weise bestrebt war, legalistisch zwar einerseits eine neue Verfassung zu machen und damit die Rechtskontinuität zur Republik zu unterbrechen, andererseits aber bemüht war, den Schein der Kontinuität mit dem B-VG herzustellen und an dieses anzuknüpfen (zur Regelungstechnik Bei 2004 166 ff; zur Entstehung grundlegend Huemer 1975).

Diese Scheinhaftigkeit kam nicht nur durch die verunklärte Abfolge von Regelungen und die Einbettung der Kundmachung in propagandahafte Inszenierungen zustande. Der Bruch mit der staatsrechtlichen, wenn auch nicht der völkerrechtlichen Kontinuität zur Ersten Republik erfolgte nach heutigem Verfassungsverständnis mit der Ausschaltung des Parlaments im März 1933.

Alle darauf folgenden, als Gesetze intendierten Akte der Regierungen Dollfuß beruhten auf Verfassungsbrüchen. Dies gilt umso mehr für diejenigen Regierungsverordnungen, die als Verfassungsgesetze intendiert waren. Die Non-Verfassung war nach den Bestimmungen des B-VG schon deswegen nicht gültig zustandegekommen, weil diese für Gesamtänderungen der Verfassung zusätzlich zur parlamentarischen Beschlussfassung mit qualifizierter Mehrheit eine Volksabstimmung vorsah, und es – ganz abgesehen von der fragwürdigen Mehrheit für die Verfassungsänderung im »Rumpfparlament« – jedenfalls zu einer Volksabstimmung nicht gekommen war.

Zweitens kam der Non-Verfassung ein immanent scheinhafter Charakter zu. Die austrofaschistischen Regierungen zogen sie – ganz abgesehen davon, dass nicht alle vorgesehenen ständischen Organe eingerichtet wurden – im Zeitraum von Mai 1934 (Kundmachung) bis zum März 1938 als Legitimationsgrundlage von nur rund 16% der so bezeichneten »Bundesverfassungsgesetze« und von nur rund 23% der so bezeichneten »Bundesgesetze« heran. Der überwiegende Teil der in diesem Zeitraum erlassenen »Bundesverfassungsgesetze« und »Bundesgesetze« blieb Regierungsgesetzgebung durch Verordnungen (Ministerratsbeschlüsse). Diese Regierungsgesetzgebung erfolgte weiterhin jenseits der rechtsstaatlichen Gewaltentrennung; sie war ab Mai 1934 allerdings nicht mehr auf das KWEG 1917 gestützt, sondern auf eine eigene Selbstermächtigungsnorm (Artikel III Absatz 2 der als »Bundesverfassungsgesetz« bezeichneten Verordnung der Bundesregierung vom 30. April 1934, BGBl I 1934/255, in der Literatur hinsichtlich ihres normativen Charakters irreführend als »Selbstermächtigungsgesetz« bezeichnet).

Die Autoren der Non-Verfassung 1934 hatten ihr eine transzendente Legitimation gegeben. Der Non-Verfassung war folgende Präambel vorangestellt:

> Im Namen Gottes, des Allmächtigen, von dem alles Recht ausgeht, erhält das österreichische Volk für seinen christlichen, deutschen Bundesstaat auf ständischer Grundlage diese Verfassung.

Auch alle Einschränkungen des Gleichheitssatzes waren demnach göttlich legitimiert.

4.3. Österreich-Konvent: Gott, *reloaded*

Die zitierte Präambel der Non-Verfassung hat einen intertextuellen Bezug zu einer rezenten innenpolitischen Kontroverse, die sich parallel zur Diskussion über eine Präambel zur EU-Verfassung entwickelte. Ausgelöst hatte die Kontroverse Andreas Khol, der Erste Präsident des Nationalrats (ÖVP), mit der Forderung, der österreichischen Bundesverfassung eine Präambel mit Gottesbezug *(invocatio dei)* – voranzustellen

(»Die Presse« 1. Februar 2003). Khols Intervention erfolgte im Vorfeld des Österreich-Konvents. Der Österreich-Konvent, der auf die Initiative der SPÖ zurückging (Jabloner 2005), sollte eine umfassende Reform der österreichischen Verfassung ausarbeiten.

Der Österreich-Konvent konstituierte sich im Juni 2003. Zuständig für die Frage der Präambel war der Konvents-Ausschuss 1 unter dem Vorsitz des Verfassungsjuristen Heinz Mayer (Staatsaufgaben und Staatsziele); im November 2003 wurden die gesetzlich anerkannten Religionsgemeinschaften angehört. Sie lehnten einen Gottesbezug der Verfassung ab (»Kirchen verzichten auf Gott in der Verfassung, Der Standard 22.11.2003). Die ÖVP legte am 10. Dezember 2003 dem Ausschuss eine geänderte Formulierung vor, die statt auf »Gott« auf die »Schöpfung« referierte: »Im Bewusstsein der Verantwortung vor Mensch und Schöpfung [...] haben sich die Bürgerinnen und Bürger der Republik Österreich in den Ländern Burgenland« – es folgt eine alphabetische Aufzählung aller Bundesländer – »[...] und Wien in freier Selbstbestimmung kraft ihrer verfassungsgebenden Gewalt diese Bundesverfassung gegeben: [...]«.[5]

Trotz der Nicht-Öffentlichkeit des Konvents kam es zu einer neuerlichen öffentlichen Diskussion. Die Konventsmitglieder Heinz Mayer, Ordinarius am Institut für Staats- und Verwaltungsrecht der Universität Wien, und Clemens Jabloner, Präsident des Verwaltungsgerichtshofes, formulierten Bedenken in einem Co-Interview, das in der Wochenzeitschrift *Falter* zum Jahresende 2003 erschien (Falter 51/03; John/Weißensteiner 2003; Standard.at 17.12.2003). Mayer und Jabloner betonten, dass jeder religiöse Wertebezug im Verfassungstext für die Interpretation nicht nur der gesamten Verfassung, also auch der Grund- und Freiheitsrechte, sondern der gesamten Rechtsordnung bestimmend wäre; es sei gleichgültig, ob dieser Wertebezug als »Gott« oder »Schöpfung« bezeichnet sei. Mayer nannte als Beispiel die Interpretation der

Fristenlösung; im Zweifelsfall müsste bei Inkrafttreten einer solchen Bestimmung der Verfassungsgerichtshof bei einer Anfechtung der Fristenlösung abwägen, ob ein Schwangerschaftsabbruch »überhaupt mit dem Schöpfungsgedanken vereinbar« sei, und als weitere Beispiele, die bei der Verankerung eines solchen religiösen Wertebezugs in der Verfassung strittig werden könnten, Organtransplantationen, künstliche Befruchtung, den gesamten Bereich der bioethischen Forschung sowie das Sexualstrafrecht (Homosexualität).

In einer ersten Reaktion auf dieses Interview meinte Khol, dass niemand »so kraus und wirr« (wie Mayer und Jabloner) denken könne; jede Diskriminierung sei ausgeschlossen, die Kritiker seien »negativ fixiert.« Zudem könne die Präambel mit der umstrittenen Formulierung, die er vom – abgelehnten – Vorschlag der europäischen Bischofskonferenz für die EU-Verfassung übernommen habe, »nicht eingeklagt« werden. Die Argumentation Khols kann, wenn schon nicht als demagogisch, so doch als polemisch bezeichnet werden, denn niemand hatte behauptet, dass aus einer Präambel ein subjektives, vor dem Verfassungsgerichtshof geltend zu machendes Recht folgen könne. Die Maßgeblichkeit einer allfälligen Präambel mit Gottesbezug für die Interpretation der gesamten Rechtsordnung ist jedoch unbestreitbar.

Khol bzw die ÖVP drangen mit dem Vorschlag zu einer Präambel mit Gottesbezug im Österreich-Konvent nicht durch. Konventsausschuss 1 erzielte den – nach der Geschäftsordnung des Konvents notwendigen – Konsens über die Aufnahme einer Präambel in eine zukünftige Bundesverfassung nicht: weder über den vorgeschlagenen Präambeltext, noch über die Aufnahme einer Präambel überhaupt, noch über die Aufnahme von Staatszielen in eine Präambel (Bei 2004, 161 – 164 mwH; zum Frauenausschluss im Konvent siehe Hornyik 2003).

Während die Fristenlösung mit der Wiederaufnahme des austrofaschistischen Gottesbezuges in eine Verfassungspräambel nur mittelbar und auch nur mittelbar kenntlich thematisiert war, gab es im Konventsausschuss 4, der sich unter dem Vorsitz des Verfassungsjuristen Bernhard Funk mit Grundrechten befasste, über das Recht auf Leben einen unmittelbaren Anknüpfungspunkt für Artikulationen religiös motivierter Gegner der Fristenlösung.

4.4. Fristenlösung, ein Thema auch im Präsidentschaftswahlkampf 2004

In der Karwoche vom 5. bis 10. April 2004 legte der Österreichische Cartell-Verband (ÖCV) den Entwurf einer Verfassungspräambel und eines Grundrechtskataloges vor. Der ÖCV kam in seinem Verfassungsentwurf bei der Textierung der Präambel auf den von der ÖVP vorgeschlagenen Gottesbezug zurück (»Bewusstsein der Verantwortung des Menschen vor [...] letztlich Gott als dem Schöpfer alles Lebens«; »Treue zum Erbe und zur Identität der europäischen Kultur, die wesentlich durch die Werte des Christentums geprägt wurde, die Tragfähigkeit auch für künftige Generationen haben, [...]«).
Dazu ist anzumerken, dass die Karwoche 2004 in den Bundespräsidentschaftswahlkampf fiel (Wahltermin war der 25. April 2004); die Kandidatin der ÖVP, die damals amtierende Bundesministerin für Auswärtige Angelegenheiten Benita Ferrero-Waldner, hatte für die Karwoche einen Stillstand des Wahlkampfs ausgerufen. Der Kandidat der SPÖ, der offen als Agnostiker auftretende zweite Präsident des Nationalrates, Heinz Fischer, hatte dies akzeptiert. Ferrero-Waldner, die sich am Abend des Frauentages 2004 vom ÖCV feiern und Unterstützung für ihren Wahlkampf zusagen hatte lassen, geriet durch die ÖCV-Präsentation in den Fokus der innenpolitischen Aufmerksamkeit, ohne das von ihr geforderte Stillstands-Abkommen zu brechen.
Gegenstand der innenpolitischen Auseinandersetzung während der Karwoche 2004 – und damit unvermeidbar trotz des ver-

einbarten Stillstandes dem Präsidentschaftswahlkampf assoziiert – wurde nämlich der Artikel 46 des ÖCV-Entwurfes (Kapitel »Recht auf Leben und Gesundheitsvorsorge«): »Abtreibungen ohne Indikation sind verboten. Eine bloß soziale oder rein eugenische (nicht medizinische) Indikation ist unzulässig.« Dies bedeutete ein verfassungsrechtliches Verbot der Fristenlösung und eine Verschlechterung der Rechtslage sogar im Vergleich zur BRD, wo derzeit ein Schwangerschaftsabbruch aus sozialen Gründen nach einer Beratung möglich ist.

Auf weitere Inhalte des ÖCV-Entwurfes, so die Verankerung eines besonderen staatlichen Schutzes und der staatlichen Förderung für die »tradierte Form der Familie aus Vater, Mutter und Kindern« (Artikel 16 des ÖCV-Entwurfes) sei hier nur hingewiesen.[6]

Zwar hielt der Fraktionen übergreifende Frauenkonsens der 70er und 80er Jahre zur Fristenlösung; so antwortete Frauenministerin Maria Rauch-Kallat (VP) auf eine öffentliche, sogleich nach dem bekannt Werden des ÖCV-Vorschlages gestellte Frage der SP-Frauenvorsitzenden Barbara Prammer, die Fristenlösung bleibe unangetastet. Prammer, getragen von massiver Empörung der Frauenbasis in ihrer Partei, hatte sich freilich gegen vereinzelte Stimmen im eigenen Parlamentsklub hervorgewagt, die durch die klare Positionierung für die Fristenlösung eine Gefährdung des SP-Bundespräsidentschaftskandidaten befürchteten. Präsidentschaftskandidat Fischer bezog vor Ostern auf einem Wahlkampf-Fest für Frauen Stellung für die Fristenlösung. Präsidentschaftskandidatin Ferrero-Waldner schwieg, bis sie Herbert Lackner in einem am 18. April 2004 erschienenen profil-Interview antwortete: »Ich finde, dass die Fristenregelung eine gute Regelung ist.«

4.5. Österreich-Konvent: Kein Grundrecht auf reproduktionelle Selbstbestimmung

Der Grundrechtsausschuss des Konvents legte seinen Abschlussbericht Anfang Juni 2004 vor. Er erzielte einen Konsens über die Formulierung, dass das Recht jedes Menschen auf Leben gesetzlich geschützt werde. Der Bericht merkt dazu an:

> Einigkeit bestand im Ausschuss darüber, dass diese Formulierung lediglich die Rechtslage nach dem bestehenden Art. 2 EMRK wiedergibt. Dies bedeutet insbesondere, dass sowohl mit dieser Formulierung als auch mit den sonstigen Formulierungen in diesem Kontext die bestehende verfassungsrechtliche Zulässigkeit der Fristenregelung unberührt bleibt. Der vorgeschlagene Artikel bezieht sich – wie schon Art. 2 EMRK (in der Rechtsprechung des VfGH und des Europäischen Gerichtshofs für Menschenrechte) – auf das geborene Leben.

Über die verfassungsrechtliche Normierung einer Tötung auf Verlangen kam kein Konsens zustande.[7]
Frauenorganisationen wie der Österreichische Frauenring und der Verein Österreichischer Juristinnen versuchten, das Recht auf reproduktionelle Selbstbestimmung in die Konventsdiskussion einzubringen. Ihre Vorschläge fanden jedoch in die zitierte Kompromiss- bzw Konsensformulierung keinen Eingang. In der feministisch relevierten Minimalvariante sollte die Verfassung beim Recht auf Leben eine Bestimmung enthalten, wonach gesetzliche Regelungen über die Zulässigkeit des Schwangerschaftsabbruches vom Recht auf Leben nicht berührt werden; in der Maximalvariante sollte die Verfassung ein Recht auf Selbstbestimmung der Frauen über ihre Reproduktionsfähigkeit gewährleisten (vgl den Vorschlag eines Grundrechts für den Bereich der Reproduktion, den Martina Thomasberger 1993 für den Verein österreichischer Juristinnen vorgestellt hat, in: Mesner / Mauerhofer 1994, 144).

4.6. Abschluss des Konvents: Gott, *reloaded again*

Zum Ende des Konvents tauchte trotz der schon abgeschlossenen Diskussion über die Präambel ein neuerlicher Präambel-Entwurf mit Gottesbezug auf. Der Konvent sollte seine Tätigkeit zum Jahresende 2004 beenden, sein Mandat wurde mit Zustimmung aller Beteiligten jedoch bis Ende Jänner 2005 ausgedehnt. Am 28. Jänner 2005 präsentierte die Vorsitzende des Ökumenischen Rates der Kirchen in Österreich, Oberin Christine Gleixner, als Konventsmitglied im Plenum einen diesbezüglichen Textvorschlag (APA Nr. 111 / OTS II 28.1. 2005, 11:10:36). Die Formulierung entsprach dem bereits erwähnten ÖVP-Vorschlag vom Dezember 2003.

Im übrigen sprach der von Oberin Gleixner präsentierte Vorschlag der Ökumene die BürgerInnen der einzelnen Bundesländer bzw die LandesbürgerInnen als Verfassung gebenden Souverän an und knüpfte damit nicht nur an eine historische bzw traditionelle christlich-soziale staatsrechtliche Position[8] an, sondern auch an die austrofaschistische Non-Verfassung vom 1. Mai 1934. Deren Autoren hatten den programmatischen Artikel 1 des B-VG 1920 – »Österreich ist eine demokratische Republik. Ihr Recht geht vom Volk aus.« – durch den Satz: »Österreich ist ein Bundesstaat« ersetzt.

Die politische Diskussion zur Verfassungsreform ist noch nicht zu einem Ende gekommen. Auch wenn der Bericht des Österreich-Konvents derzeit im Nationalrat (Verfassungsausschuss) »ruht«, wird er doch – vermutlich im Gedenken an die Intention, nach den Wahlen 2002 eine Vertrauen bildende Maßnahme für eine Große Koalition zu setzen – in parteiinternen Expertengruppen weiter diskutiert.

5. Führer

Die beschriebenen Interventionen des ÖCV im Präsidentschaftswahlkampf 2004 und in der Verfassungsreformdiskussion stehen in der Tradition des militanten politischen Katholizismus in Österreich. Der Zeithistoriker Stephan Neuhäuser, der selbst einige Jahre dem ÖCV angehörte und sich insofern auch auf teilnehmende Beobachtung stützen kann, hat in einer pionierhaften Arbeit den engen ideologischen und personellen Zusammenhang von ÖCV und Austrofaschismus herausgearbeitet und auf Elemente einer personellen, organisatorischen und ideologischen Kontinuität hingewiesen, die der ÖCV in die Zweite Republik trug. Weiters hat Neuhäuser die Renaissance des ÖCV zwischen 2000 bis 2005 exemplifiziert (Neuhäuser 2004).

> Die Gegenüberstellung des ÖCVs der Jahre 1934 bis 1938 mit dem der Gegenwart ist meiner Ansicht nach wesentlich für das Verständnis des Entstehens und Bestandes eines autoritären Systems. Einerseits, weil der ÖCV bis heute, gegenüber 1934/38 praktisch unverändert, weiter besteht und andererseits das für den ÖCV positiv konnotierte Schlüsseljahr 1934 für diese »Vorfeldorganisation der ÖVP« [....] das politisch prägende Jahr schlechthin ist. Angesichts von dessen Anspruch, in der österreichischen Gesellschaftspolitik (wieder) eine tragende Rolle zu spielen, erscheint mir außerdem die prononciert katholische und latent frauenfeindliche Haltung des ÖCV für die liberale Demokratie als problematisch: ausschließlich männliche Katholiken dürfen Mitglied werden und erst im April 2004 legte der ÖCV dem »Österreich-Konvent« seinen Verfassungsentwurf vor, der Schwangerschaftsabbrüche wieder unter Strafe stellen würde! (Neuhäuser 2004, 68.)

Da diese umfangreiche Arbeit vorliegt, kann ich generell auf sie verweisen und beschränke mich im Folgenden darauf, einige Aspekte aufzunehmen und zu ergänzen.

5.1. Der ÖCV, ein halbklandestiner Männerbund

Zwar ginge es zu weit, den ÖCV als geheimen Männerbund zu bezeichnen, doch können wir sagen, dass seinem Tun etwas Klandestines oder zumindest Halbklandestines anhaftet. So gebrauchen ÖCV-Mitglieder eine eigene, Außenstehenden ohne Erklärung nicht verständliche Kürzelsprache. Die Kürzel betreffen die streng reglementierten, ritualisierten Abläufe bei Zusammenkünften (Grußvorschriften, Zutrinkregeln); sie bezeichnen Organisationsprinzipien, Funktionen und den hierarchischen Status in der Organisation, Zusammenkünfte, Abzeichen und Kleidung, und schließlich die organisationsinternen Verhaltensregeln selbst (»Comment«). Interaktionen, die den ÖCV als politisch bedeutsames Netzwerk konstituieren, insbesondere Empfehlungen für politische Ämter oder Funktionen, erfolgen traditioneller Weise mündlich; dies erschwert die Beschreibung als Netzwerk und stellt auch ein historisches Quellenproblem dar.

Heute pflegen prominente Angehörige des ÖCV ihre Identität stiftenden Traditionen zwar nicht im Geheimen, aber doch fernab der tagesaktuellen Medienöffentlichkeit. Auch ihre CV-Zugehörigkeit ist, abgesehen von hin und wieder erscheinenden Berichten im Magazinjournalismus, nicht in allen Fällen bekannt oder öffentlich bewusst. So lud Karl »Solon« Korinek bald nach dem Antritt seines Amtes als Verfassungsgerichtshofpräsident Bundesbrüder zu einem »wissenschaftlichen Abend« in seine Amtsräume, wie bei den aktuellen Terminen auf der Website seiner Verbindung, der Franco-Bavaria, nachzulesen war (Mitteilung Stephan Neuhäuser). Andreas »Welf« Khol (Raeto-Bavaria, Innsbruck) bezeichnete 2002 in einer Rede den ÖCV als wichtigen Faktor der Neugestaltung Österreichs; auf der Website traungau.at konnte man 2003 eine Grußadresse von Kardinal Christoph »Aquinas« Schönborn (Raetho-Danubia, Wien) finden (Neuhäuser 2004, 68 f). In die Medien fanden hingegen tagesaktuelle Meldungen über VP-

Politikerinnen im Zusammenhang mit dem katholischen Verbindungswesen:

- Im August 2005 outete *profil* die Bundesministerin für Inneres Elisabeth »Liese« Prokop als Ehrenmitglied einer »monarchistischen »Damenverbindung«; Prokop bestritt die Mitgliedschaft in der Studentinnenverbindung Elisabethina – Vereinshymne: »Treu zu Habsburgs Thron wir stehen« – und räumte lediglich ein, ein Ehrenband erhalten zu haben (derStandard.at / APA 17.8.2005; Mein Name ist Liese, derStandard.at / Kommentar 24.10.2005);
- in der darauf folgenden Diskussion bekannte sich Frauen- und Gesundheitsministerin Maria Rauch-Kallat zur Mitgliedschaft in der Studentinnenverbindung Norica Nova, einer dem ÖCV nahen Verbindung (OTS-Aussendung);
- am 28. September 2005 wurde die damals noch amtierende steirische Landeshauptfrau Waltraud Klasnic in Graz feierlich als Ehrenmitglied in die 1996 gegründete Studentinnenverbindung Academia (C.Ö.St.V. Academia) aufgenommen (Termin der steirischen Landtagswahl: 2. Oktober 2005; derStandard.at / APA 3.10.2005).

In der Öffentlichkeit spielte insbesondere Bundesministerin Prokop die Verleihung des Ehrenbandes herunter; allerdings muss die geehrte Person auch bei der Verleihung (»Umhängung«) eines Ehrenbandes wie ein Mitglied einen Schwur auf die Verbindung leisten (Mitteilung Stephan Neuhäuser). Die Vollmitgliedschaft im ÖCV ist freilich weiterhin Männern vorbehalten.

5.2. Dollfuß-Kult

Anders als der Bund Sozialdemokratischer AkademikerInnen, Intellektueller und KünstlerInnen (BSA), der im mehrfachen

Republik-Jubiläumsjahr 2005 die Aufnahme zahlreicher Nationalsozialisten nach 1945 und die problematische Mitwirkung an deren Entnazifizierung zumindest teilweise öffentlich aufgearbeitet hat (Neugebauer/Schwarz 2005), hat der ÖCV bisher eine öffentliche selbstkritische Auseinandersetzung mit seiner Geschichte vermieden. Neuhäuser sieht als Ansatzpunkte für eine solche Aufarbeitung – abgesehen von der tragenden Rolle des ÖCV für den Austrofaschismus – Elemente des Lagerdenkens, des Rassismus, des Autoritarismus und eines durchaus prononcierten Antisemitismus.

Eine selbstkritische Aufarbeitung der Organisationsgeschichte brächte wohl insbesondere die Notwendigkeit für den ÖCV mit sich, eine Selbstdarstellung zu relativieren, die das ungebrochene Bekenntnis zu Österreich betont. So stünden etwa den, in einem Gesamtverzeichnis des ÖCV aus 2000 genannten 24 »Opfern des Nationalsozialismus« – der historische Mitgliederstand betrug rund 5000 Männer – jene gegenüber, die sich nach dem März 1938 als Sympathisanten der NSDAP offenbarten und in nahezu allen 30 ÖCV-Verbindungen zu finden waren (»Märzveilchen«). Nationalsozialisten aus den Reihen des ÖCV waren u.a.

- Taras Borodajkewycz, mit Unterstützung des ÖCVers und Unterrichtsministers Heinrich Drimmel 1954 wieder zum universitären Lehramt zugelassen;
- Bischof Alois Hudal, ab 1944 Leiter des vatikanischen Passamts und ab 1945 maßgeblich an der Organisation der Flucht zahlreicher Nationalsozialisten nach Südamerika beteiligt;
- Oswald Menghin, der dem Anschluss-Kabinett Seyss-Inquart angehörte;
- der in den Juliputsch 1934 verwickelte Anton Rintelen (Neuhäuser 2004, 79).

Neuhäuser sieht als bedeutsames Hindernis für eine selbstkritische historische Aufarbeitung die – auch ikonographisch kristallisierte – Überhöhung der historischen Tatsache an, dass Bundeskanzler Dollfuß im Juli 1934 von Nationalsozialisten ermordet wurde. Der ein Martyrium für Österreich evozierende Kult um den »Heldenkanzler« begann im Austrofaschismus. Er lebt bis heute fort, so in den Kranzniederlegungen, die ÖVP und Dollfuß' Verbindung Franco-Bavaria jährlich am 25. Juli, der Wiederkehr von Dollfuß' Todestag, auf dem Hietzinger Friedhof vornehmen, oder in den jährlichen Gedächtnismessen, die ebenfalls zum Todestag im Bundeskanzleramt und in der Wiener Christkönigskirche (»Dollfuß-Kirche«) gefeiert werden. Nicht wenig bizarr mutet an, dass – jedenfalls noch bis in die späten neunziger Jahre – in den Wiener Räumlichkeiten der Franco-Bavaria neben einer Dollfuß-Fotografie, also gleichsam für den Verstorbenen, stets ein gefülltes Rotweinglas bereit stand. Dollfuß' Verbindungsname war im Übrigen »Laurin« (Neuhäuser 2004, 125 – 132); nicht wenige Menschen empfinden es als ambivalente Botschaft, dass in den Räumen des Parlamentsklubs der ÖVP ein Dollfuß-Bild hängt.

Im Gegensatz zu dieser heroisierenden Sicht sei auf das Kapitel über Dollfuß in »Ein Staat stirbt« von Otto Leichter[9] hingewiesen. Darin unterstrich Leichter, dass Dollfuß gerade über seine Beziehungen zu den katholischen Akademikern Deutschlands sowie zu den agrarischen Kreisen der deutschen Zentrumspartei als auch über persönliche Bindungen – Dollfuß' Frau stammte aus dem Rheinland – zur anschlussfreundlichen Fraktion der österreichischen Katholiken zählte (vgl dazu auch Staudinger 2004, 35 f).

5.3. »Innerster Zirkel«

Der im ausgehenden 19. Jahrhundert entstandene »Cartellverband der katholisch deutschen Studentenverbindungen« war ein föderaler Zusammenschluss von deutschen Studenten sowie von Studenten aus den deutschsprachigen Teilen der Österreichisch-Ungarischen Monarchie; die ersten österreichischen CVer waren mehrheitlich katholische Priester. Als die Nationalsozialisten nach der Machtergreifung in Deutschland diesen föderalen Zusammenschluss zerschlugen und dessen Verbindungen in ihren Studentenorganisationen gleichschalteten, trennten sich die österreichischen Verbindungen vom Gesamtverband. Das Gründungsjahr des ÖCV ist 1933.

Um den Einfluss des Cartell-Verbandes auf die Politik der christlich-sozialen Partei bereits vor 1933 zu illustrieren, sei zunächst Ignaz Seipel erwähnt, der Ehrenmitglied in neun CV-Verbindungen war. Vor 1933 waren die Landeshauptleute des Burgenlandes, Niederösterreichs, Salzburgs, der Steiermark, Tirols und Vorarlbergs Mitglieder des ÖCV; die Kanzler Engelbert Dollfuß und Kurt Schuschnigg gehörten dem ÖCV in Mehrfachmitgliedschaften zu verschiedenen Verbindungen an; (Neuhäuser 2004, 81).

Zwischen 1934 und 1938 waren fast alle wichtigen öffentlichen Ämter mit ÖCV-Mitgliedern besetzt. So konnte Karl Renner von den »Cevauern« als dem »innersten Zirkel« des austrofaschistischen Regimes sprechen, die »zum Schluss allein die Staatsgewalt« trugen (Renner: Österreich von der Ersten zur Zweiten Republik, zitiert nach: Neuhäuser 2004, 67).

Paradigmatisch wohl auch der »Ehrenleibbursch« von Engelbert Dollfuß, Otto Kemptner; er baute ab 1933 die Vaterländische Front auf, deren Führungsgremien vom ÖCV dominiert waren. So konnte der »Vater des CV« Robert Krasser 1936 über »Sinn und Zweck des ÖCV« schreiben: »[...] weil auch von den CVern das Wort gilt: ›Sie haben schon für die Vaterländische Front gearbeitet, bevor die Vaterländische Front gegründet war.‹« In den ständischen Gremien war der ÖCV-Anteil signifikant hoch (Neuhäuser 2004, 79 f).

Der ÖCV war, seinem vielfach belegbaren grundsätzlichen Selbstverständnis nach, die Personalreserve für politische

Funktionen im Austrofaschismus. Er verstand sich nicht nur als militant katholisch-intellektuelle Avantgarde oder in einem weiteren Sinn als Führer-Elite, er war auch im buchstäblichen Sinn des Wortes eine Kampforganisation. Ab 1934 organisierte sich der ÖCV paramilitärisch. Insgesamt 37% aller studierenden Mitglieder des ÖCV (513 Personen) unterstützten über verschiedene Wehrformationen Bundesheer und Heimwehr in den Februarkämpfen (Neuhäuser 2004, 121 ff mwH).

5.4. Führer und Führung

Wer in einer Organisation mit einer so ausgeprägten verbandsinternen Hierarchie wie dem ÖCV die Verhaltensregeln (»Comment«) u.a. für Anreden befolgte, übte damit hierarchisches Verhalten ein (vgl die Einteilung der Mitglieder u.a. in »rechtlose ›*Fuxen*‹, deren Rechte von ›*Leibburschen*‹ wahrgenommen werden, ›*Burschen*‹ und ›*Alte Herren*‹; Neuhäuser 2004, 74) – und vor allem den Blick auf eine »Führung«. Dollfuß selbst galt schließlich dem ÖCV als »Führer«,

> »[...] mit dem die wichtigsten Angelegenheiten besprochen wurden, ausgehend von dem gewiss richtigen Standpunkte, dass der österreichische CV in allem und jedem in den Intentionen unseres Kanzlers und seines autoritären Kurses handeln müsse.« (Mitteilungsblatt 6/1934, 7, zitiert nach: Neuhäuser 2004, 76).

»Führung« war ein Schlüsselbegriff der programmatischen Rede, die Dollfuß beim ersten Generalappell der Vaterländischen Front am 11. September 1933 auf dem Wiener Trabrennplatz hielt. U.a. verwendete Dollfuß »Führung« als Umschreibung für die Staatsform: »Dieses Parlament, eine solche Volksvertretung, eine solche Führung unseres Volkes, wird und darf nie wiederkommen.« Vielfältiger konnotiert heißt es dann:

> Ich wiederhole: Die Zeit des kapitalistischen Systems, die Zeit kapitalistischliberalistischer Wirtschaftsordnung ist vorüber, die Zeit marxistischer, materialistischer Volksverführung ist gewesen! Die Zeit der Parteienherrschaft ist vorbei! Wir lehnen Gleichschalterei und Terror ab, wir wollen den sozialen, christlichen, deutschen Staat Österreich auf ständischer Grundlage, unter starker, autoritärer Führung! Autorität heißt nicht Willkür, Autorität heißt geordnete Macht, heißt Führung durch verantwortungsbewusste, selbstlose, opferbereite *Männer*. So wie wir vor Jahren im Kriege ohne falsches Heldengefühl bereit waren, unser Letztes zu geben, so wollen wir, besonders wir, die wir der Kriegsgeneration angehören, selbstlos in der Führung des österreichischen Staates nichts als unsere Pflicht erfüllen. (Zitiert nach: freidenker.at; hervorhebung von mir).

»Führer« sollten heran- und nachwachsen, im und um den ÖCV. Das Selbstverständnis als »Führer«-Elite formulierte etwa Josef Klaus für die »akademische Jungfront« in der Reichspost vom 15.12.1932; Klaus war im »Volksdeutschen Arbeitskreis österreichischer Katholiken« aktiv, der sich 1932 formierte und u.a. wesentlich an der Vorbereitung des Katholikentages 1933 beteiligt war (Staudinger 2005, 33, FN 19; 31 ff). Das Gremium der – vom ÖCV dominierten – historischen Katholisch-Deutschen Hochschülerschaft Österreichs (KDHÖ),[10] in dem alle lokalen Vorsitzenden vereint waren, nannte sich »Führerrat« und nahm seine so genannten kulturellen Aufgaben u.a. durch »Führerschulungen der Sachwalterschaft« wahr. Dem »Führernachwuchs« wurden Vorträge zu folgenden Themen angeboten:

> Blut und Geist, Rassenfrage, Geschichte und Gegenwart der nationalen Idee, das werdende Weltbild, praktische Volkstumsarbeit, das werdende Weltbild, die österreichische Idee als Aufgabe, Führertum und Gefolgschaft (Mitteilungsblatt 10/1936, 8 f, zitiert nach: Neuhäuser 2004, 114).

Die Apostrophierung des Bundeskanzlers als Führer lebte nach Dollfuß' Tod weiter:

> Sie [die österreichischen Korporationen] leben und fühlen sich wohl im autoritären Staate Österreich. Kein Wunder! Wir können darüber nicht staunen. Denn wer hat diesen Staat gebaut? Das war unser CVer Dollfuß, der vaterländische Mann, der sein Leben für sein Vaterland gab. [...] Es ist uns eine große Freude, dass wir nicht nur stolz den Gründer dieses Staates den unseren nennen, sondern auch, dass sein heutiger Führer, Kanzler Doktor Schuschnigg, einer der unseren ist. Wir wissen uns eins mit unserem Kanzler im Glauben, eins im Deutschtum, in der Vaterlandsliebe und eins in lebenslanger Bundesbrüderschaft. (Otto Ender[11] im Mitteilungsblatt des ÖCV 14/1937, 2 f; zitiert nach Neuhäuser 2004, 94.)

Betrachten wir nun ein Beispiel für die öffentliche Inszenierung von Dollfuß als Führer-Kanzler.

5.5. »Führer Bundeskanzler Dr. Dollfuß«

Anlässlich der Kundmachung der Non-Verfassung am 1. Mai 1934 dokumentierte der Bundespressedienst drei von »Führer Bundeskanzler Dr Dollfuß« gehaltene Reden. Sie gelangten über das Radio »bis ins letzte Dorf«. Mit dem Ersten Mai wurde ein Identität stiftendes Datum der Arbeiterbewegung u.a. auch als »Tag der Mütter« okkupiert und umgewidmet (vgl auch die Verordnung 30.4.1934 über die Bestimmung des 1. Mai zum Gedenktag an die Proklamation der Verfassung 1934, BGBl 1934 I/249). Diese Reden können nicht nur über Inhalt und Rhetorik, sondern auch im Kontext der politischen Ästhetik des Austrofaschismus gelesen werden (vgl zum letztgenannten Aspekt die triumphalistische Cartellversammlung 1936 in den Sälen der Grazer Arbeiterkammer; Neuhäuser 2004, 88 ff). Der Bundespressedienst leitete die Textausgabe der drei Reden wie folgt ein:

»Der 1. Mai 1934 hat der Welt das wahre Österreich gezeigt, ein Österreich, das an seiner Scholle, seinem historischen Wesen hängt und dem durch die unermüdliche Arbeit seines Führers, Bundeskanzler Dr. Engelbert Dollfuß, wieder der Weg ins Freie geöffnet wurde. Der 1. Mai, der auch schon bisher als Staatsfeiertag galt, hat einen neuen Inhalt bekommen, er ist damit zum Festtag der Gesamtheit der Bevölkerung geworden, der als Tag der Verbrüderung aller Arbeitenden und Schaffenden, welchen Standes sie immer sein mögen, als ein Tag des Festes der Jugend, als ein Weihe- und Freudentag der heimattreuen Bevölkerung Österreichs begangen wird. [...] Er war und soll auch Opfertag für die Arbeitslosen und ihre Familien sein. Der Führer des österreichischen Volkes, Bundeskanzler Dr. Dollfuß, hat diesen Ideen am 1. Mai in verschiedenen Reden ihren lebenden Ausdruck verliehen. Diese Reden des Bundeskanzlers sind nicht als flüchtiges Tagesereignis zu werten, sie stellen nicht nur rhetorisch, sondern tatsächlich die Untermauerung unseres Staates dar und dies ist auch der Grund, weshalb diese drei großen Reden nachfolgend zusammenfassend wiedergegeben werden.« (Bundespressedienst oJ)

Die drei Reden, die Dollfuß am 1. Mai 1934 hielt, waren Propaganda, ein wesentlicher Teil des Unternehmens, dem austrofaschistischen Regime eine staatsrechtliche Selbstlegitimation durch eine eigene Verfassung zu verschaffen und das B-VG als formal noch immer geltende Rechtsgrundlage der Regierungsgesetzgebung sichtbar abzulösen. Feierliche Verkündung und Kanzler-Reden waren geeignet, die Verfassungsbrüche zu verschleiern, unter denen die Non-Verfassung 1934 zustandegekommen war. Die in den drei Reden ausgesprochene Gemeinschaftsideologie unterscheidet sich insofern nicht vom Nationalsozialismus, als sie Widersprüche nicht nur zwischen sozialen Gruppen, sondern auch die bürgerlich-rechtliche Fiktion der Unterwerfung von Individuum und Staat unter die gleichen Spielregeln aufhebt:

»Unter dem Schleier der Gemeinschaftsideologie fällt das System des allgemeinen Rechts, das gleichermaßen anwendbar für alle Fälle ist.« (Kirchheimer 1941, 51).

Die zweite Rede hatte die »neue Verfassung« und ihre »rechtlichen Grundlagen« zum Gegenstand (vollständig dokumentiert in Bei 2004, Textanhang 213 – 225). Dollfuß[12] leitete sie mit der Wiederholung der Präambel zur Non-Verfassung ein; er beschwor emphatisch und verbrämt zugleich deren Rechtmäßigkeit, indem er u.a. das Notverordnungsrecht nach dem KWEG als rechtlich unproblematisch darstellte und von einer Mehrheit im Rumpfparlament sprach. In dieser Rede fallen verschiedene Ideologeme als gleichsam geklittert auf:

- politischer Katholizismus: die Ratifizierung des Konkordats durch den Bundespräsidenten »in der ersten Stunde des neuen Österreich« (BGBl II 1934/2) wird betont und emphatisch als »feierliche Sanktion« bezeichnet;
- prononcierter Deutschnationalismus, wenn auch unter gleichzeitiger Betonung der Eigenstaatlichkeit Österreichs: »der deutsche Charakter der Verfassung«, »der deutsche Charakter Österreichs, der alten deutschen Ostmark« werden ausgeführt und u.a. mit den Berufsständen in Verbindung gebracht;
- Reichsidee, Legitimismus: Bezeichnung der Regierungsgesetzgebung durch Verordnungen auf Grundlage des KWEG als »Verordnungsrecht auf Grund des kaiserlichen Gesetzes vom Jahr 1917«; im Kontext der Wahl des Staatsoberhauptes (Bundespräsidenten): Vergleich der ständischen Wahlversammlung der Bürgermeister mit den Kurfürsten, Evokation der Kaiserwahl als sakraler Handlung und damit Evokation der Reichsidee bzw des Heiligen Römischen Reiches deutscher Nation.

Wir kehren damit zu unserem Ausgangspunkt, den Bemerkungen Irmtraut Karlssons über den austrofaschistischen

Ideologie-Mix zurück. Allerdings ist dieser Mix, diese Klitterung erklärungsbedürftig. Anton Staudinger, der die ideengeschichtliche Entwicklung und Akzentuierung dieser Klitterung und ihrer Komponenten zeigt, spricht in diesem Zusammenhang von der »austrofaschistischen ›Österreich‹-Ideologie« (Staudinger 2004).

5.6. Austrofaschistische »Österreich«-Ideologie

Es waren Abgeordnete der Christlichsozialen Partei wie Aemilian Schöpfer, Wilhelm Miklas und Heinrich Mataja, die sich am längsten einer republikanischen Verfassung für Deutsch-Österreich widersetzten und auf einer Aufrechterhaltung der Habsburger Monarchie mit deutscher Dominanz in der österreichischen Reichshälfte bestanden (Staudinger 2004, 29). In diesem Zusammenhang nennt Staudinger als einflussreiche Vertreter einer prononciert rechten christlich-sozialen Politik, die »noch nicht zu Abgeordneten gewählt waren«, neben Ignaz Seipel, der hier als CV-er bereits Erwähnung fand, Viktor Kienböck, Richard Schmitz und den Chefredakteur der Reichspost Friedrich Funder. Alle Genannten können als Proponenten jener Ideen verstanden werden, die in Josef Eberles Zeitschriften »Das Neue Reich« (ab 1918) und »Schönere Zukunft« (ab 1925) eine publizistische Plattform fanden und die Perspektive einer christlich-katholischen, österreichischen Mission entwarfen; diese Perspektive hatte die Errichtung eines künftigen »Heiligen Reiches« in organischer, ständischer Gliederung zum Fluchtpunkt. Zu diesem Ideenkreis gehörte auch die Vorstellung einer »Donauföderation«, dies im Gegensatz zu den quer durch das politische Spektrum vertretenen republikanischen Anschlussideen.
Dies waren affirmative, positiv formulierte Aspekte der in Eberles Zeitschriften ab 1918 vertretenen Ideen. Sie gingen

allerdings mit negativ formulierten einher, nämlich einer – häufig in antisemitischer Diktion vorgebrachten – Polemik gegen Republik, Demokratie, Marxismus, Liberalismus oder die Friedensverträge von St. Germain und Versailles (Staudinger 2004, 29). Dazu lassen sich im historischen ÖCV wirksame Ideologeme des austrofaschistischen Antimodernismus assoziieren, die ebenfalls negativ – also über Feindbilder – formuliert waren:

> »Reformation, Aufklärung, französische Revolution, Liberalismus, Kapitalismus, Sozialismus, Weltkrieg, Bolschewismus, Nationalsozialismus sind nur die zeitbedingten Ausdrucksformen desselben Geistes der Säkularisation, der Verneinung und der Abkehr von Gott, sind die Meilensteine auf dem Wege der europäischen Menschheit, der immer tiefer in die geistige, sittliche, seelische und soziale Verelendung und schließlich ins vollendete Chaos hineinführen muss.« (Robert Krasser [Hrsg]: Der CV, der Träger des katholischen Farbstudentums und die Neue Zeit. Wien 1936, nach Neuhäuser 2004, 73).

Mit diesem hier nur angedeuteten Bogen von 1918 zu 1937 möchte ich auf die ideenhistorische austrofaschistische Kontinuität ab 1918 hinweisen, wie sie Heinrich Busshof (1964) herausgestellt hat. Diese Perspektive ist nicht nur geeignet, gängige Periodisierungen des Austrofaschismus in Frage zu stellen, sondern auch ein Ausgangspunkt, um die Interpretation deutschnationaler Elemente des Austrofaschismus als »konkurrenzfaschistisches« Angebot zu hinterfragen. Ähnlich erinnert Stephan Neuhäuser im Zusammenhang mit der ideologischen Ausrichtung des ÖCV und dessen vier Prinzipien – Patriotismus, Lebensfreundschaft, Katholizismus, Wissenschaft – daran, dass das Prinzip Patriotismus bzw das »Vaterlandsprinzip« wechselnden Interpretationen unterworfen war. Insbesondere hätten sich entgegen der im ÖCV weit verbreiteten Mythenbildung führende Funktionäre und praktisch alle Verbindungen des ÖCV auch noch zwischen 1934 und 1938 als »völkisch« und »deutsch« betrachtet und scien »für ein enges Zusammengehen Österreichs mit (einem katholischen) Deutschland« eingetreten (Neuhäuser 2004, 75 ff mit zahlreichen Belegstellen).

Was die ideenhistorischen Verzweigungen der Reichs-Ideologie betrifft, möchte ich auf die differenzierte Darstellung von Staudinger (2005) verweisen, jedoch anmerken, dass eine ausführliche Auseinandersetzung mit dem Habsburger-Legitimismus im Kontext einer kritischen Aufarbeitung des Austrofaschismus ein Desideratum bleibt. So schließt etwa die erwähnte zweite Dollfuß-Rede zur Verfassungsproklamation eine legitimistische Interpretation des Gottesbezugs der Präambel nicht aus, die freilich in einem allgemeineren Sinn auch als Rekurs auf das Gottesgnadentum verstanden werden kann. Die austrofaschistische Revision der Habsburger-Gesetze, mit deren vermögensrechtlichen Implikationen sich die Historikerkommission auseinanderzusetzen hatte, harrt ebenso einer kritischen Würdigung im politischen Gesamtkontext. Festgehalten sei, dass sich die österreichische Sozialdemokratie über restaurativ-monarchistische Tendenzen seit Beginn der Ersten Republik sorgte; diese Sorge war eines der Motive, um in den Verfassungsdiskussionen 1920 und ab Herbst 1928 eine Stärkung der Position des Bundespräsidenten und dessen Volkswahl abzulehnen. Das zweite Motiv war die Sorge um die Republik und um die parlamentarische Demokratie. So äußerte Seitz zu Seipels Verfassungsplänen im Herbst 1928, die unmittelbare Wahl des Bundespräsidenten durch das Volk sei immer nur ein Mittel »cäsaristischer Politik« gewesen und werde als Gefahr für die Demokratie abgelehnt (Berchtold 1979 I, 4 mwH in den FN 6 und 7). Zeitgenosse Otto Leichter konstatierte für 1933/34 eine »Wendung der Heimwehr zu einer katholischreaktionären Österreich-Politik, in der die monarchistischen Tendenzen immer stärker hervortraten (Wieser [i.e. Otto Leichter] 1938). Bekannt ist, dass

Dollfuß' Nachfolger Kurt Schuschnigg Legitimist war. Gewissermaßen als Kuriosum sei Schuschniggs Geleitwort zum Sammelwerk »Helden der Ostmark« erwähnt, das im Auftrag des Werkes der Vaterländischen Front »Österreichs Jungvolk« erschien und auch einen Beitrag von Arthur Polzer-Hoditz über »Kaiser Karl« enthielt (Schuschnigg 1937).

6. Kontinuitäten?

6.1. Krampus

Im Schwerpunkt »Krampus« bin ich auf den Wortlaut und Aufbau der zeitgenössisch »Krampuserlass« genannten Doppelverdienerverordnung aus dem Dezember 1933 eingegangen und habe sie mit der zeitgenösssichen Sicht von Käthe Leichter kontrastiert, die in Schriften sowohl zur Doppelverdiener-Ideologie auch zur konkreten austrofaschistischen Verordnung dokumentiert ist. Leichter unterstrich das Spannungsverhältnis zu bisherigen dienstrechlichen Regelungen und die Gleichheitswidrigkeit der Regelungen.
In der Tat ging der Inhalt der »Doppelverdiener«-Verordnung über Zugangsbeschränkungen für verheiratete Frauen zum öffentlichen Dienst hinaus; sie normierte geschlechtsunabhängig das Verbot der freien Lebensgemeinschaft und eine Meldepflicht für Erwerbstätigkeit im Ruhestand. Dass die Doppelverdienerverordnung Nebentätigkeiten von Beamtinnen und Beamten im Ruhestand durch die Einführung einer Meldepflicht erschwerte, zielte zwar offenbar auf abgebaute weibliche öffentliche Bedienstete, die Bestimmung war jedoch geschlechtsneutral formuliert. Nach heutigem Rechtsverständnis wären die Regelungen der Doppelverdienerverordnung über den Abbau verheirateter Beamtinnen nicht nur gleichheitswidrig – so untersagt etwa das Recht der

Europäischen Union Ungleichbehandlungen insbesondere von Frauen auf Grund ihres ehelichen oder familiären Status –, sondern griffen die Verbote der Eheschließung und des Eingehens von Lebensgemeinschaften auch in die Grundrechte auf Privatheit sowie auf Eheschließung und Familiengründung ein (Artikel 8 und 12 der Europäischen Menschenrechtskonvention).

Offen bleibt hier im engeren dienstrechtlichen Bereich die Frage, ob und allenfalls welche Kontinuitäten es vom Austrofaschismus bis in die Zweite Republik gibt, so im Bereich des Disziplinarrechts (Disziplinarkommissionen).

Was die Einführung einer Meldepflicht für eine Erwerbstätigkeit im Ruhestand – also einen der Regelungsgegenstände der »Doppelverdiener-Verordnung« – betrifft, so war zum Zeitpunkt der Schlussredaktion meines Beitrags im Dezember 2005 die politische Diskussion über Wiedereinführung von Ruhensbestimmungen für BeamtInnen tagesaktuell. Ebenso wie bei ASVG-PensionistInnen sollte beim Vorliegen eines Erwerbseinkommens die Pension zeitweilig gemindert sein oder entfallen (»ruhen«); entsprechende Bestimmungen sollten in das neu zu schaffende Bundesmitarbeitergesetz aufgenommen werden, nachdem der Verfassungsgerichtshof solche Ruhensbestimmungen gerade erst vor zwei Monaten, im Oktober 2005, aufgehoben hatte.[13] Ein Bundesmitarbeitergesetz verhandelten die ÖVP-FPÖ-Bundesregierungen schon länger mit der Gewerkschaft; dieses legistische Vorhaben zielte auf die Abschaffung des Berufsbeamtentums (Regierung will Zuverdienst für Beamte begrenzen – Höchstgerichtsurteil soll über die Hintertür umgangen werden, Der Standard 5.12. 2005). Damit wird deutlich, dass die ÖVP-FPÖ/BZÖ-Bundesregierungen auf die Steuerungsfunktion des öffentlichen Dienstes für den Arbeitsmarkt verzichten, wobei in Österreich annähernd gleich viele Frauen wie Männer im öffentlichen Sektor[14] beschäftigt sind. Sollte eine weit gehende Angleichung des öffentlichen Dienstrechts an das Arbeitsrecht im privaten Sektor erfolgen, sind damit auch die Institutionen der – für den Dienstgeber verpflichtenden – Frauenförderung nach dem Bundes-Gleichbehandlungsgesetz 1993 und den entsprechenden Landesgesetzen preisgegeben, es sei denn, es käme gänzlich unerwarteter zu vergleichbar starken Frauenförderungsregelungen in der Privatwirtschaft.

Die vom Austrofaschismus angestrebte Angleichung von Berufsbeamtentum und Heer stellt sich als historische Situation dar, zu der eine Kontinuität auf einen ersten Blick fraglich ist, die sich so nicht wiederholt. An ihre Stelle tritt die Disziplinierung unter neoliberalen Vorzeichen durch Personalabbau im öffentlichen Dienst und durch das Vorhaben, die rechtlichen Grundlagen des lebenslangen Berufsbeamtentums österreichischer Prägung aufzulösen (Kündigungsschutz; Schutz vor rechtswidrigen Weisungen).

Geht man von einer Kontintuität hinsichtlich der Tendenz aus, Frauen vom Arbeitsmarkt ganz in das Private oder in Niedriglohnbereiche zu verdrängen, wird man nach anderen Maßnahmen und Signalen als einen durch Regierungsgesetzgebung verordneten Stellenabbau verheirateter Beamtinnen suchen müssen. In Frage kommen »Anreize« wie Ausdehnung des Kinderbetreuungsgeldes, die bis zur Unhandbarkeit komplizierten Ausdehnung des Karenzurlaubes oder Maßnahmen wie der »Dienstleistungsscheck« (vgl. den Beitrag von Karin Liebhart im vorliegenden Band).

6.2. Gott

Ebenso wird es nicht möglich sein, eine lineare Kontinuität zu den Einschränkungen des Gleichheitssatzes in der austrofaschistischen »Non-Verfassung« festzustellen, die ich einleitend zum Schwerpunkt »Gott« zusammengefasst habe. Allerdings konnte ich auf die Fragen einer Aushöhlung der Kompetenzen des Nationalrats seit 2000, allenfalls vorhandene Ansätze zu einer Regierungsgesetzgebung und der Aushöhlung des Rechtsstaats hier nicht eingehen, auch nicht im Zusammenhang mit der Konstruktion des »Österreich-Konvents« oder den nationalstaatlichen Souveränitätsverlusten durch die Zugehörigkeit zur supranationalen EU oder einem völkerrechtlichen Vertragswerk wie der WTO (vgl. Bei 2004, 161 ff; 203 ff).

Die inhaltlich kongruenten Interventionen von Ökumene, ÖVP und ÖCV in die rezente Diskussion um eine Reform der österreichischen Bundesverfassung freilich stehen nicht nur eindeutig in der Tradition des politischen Katholizismus in Österreich, sondern knüpfen auch präzise an Inhalte und christlich-soziale Positionen der Ersten Republik und des Austrofaschismus an (Gottes- bzw Schöpfungsbezug verschiedener Präambelvorschläge; Präambelformulierung der Ökumene, die die Bundesländer als den eigentlich Verfassung gebenden Souverän nennt). Die Interventionen des ÖCV zur Fristenlösung im Verfassungskonvent sprechen für sich, wobei zudem auf den katholisch-fundamentalistischen Antimodernisten aus der FPÖ, Volksanwalt Ewald Stadler (FPÖ), hinzuweisen ist. Die Angriffe auf die Fristenlösung in der derzeit geltenden Form und auf die sexuelle Selbstbestimmung der Frauen werden sicherlich weitergehen.

6.3. Führer

Differenziert stellt sich die Kontinuität autoritärer Prinzipien und des politischen Katholizismus im ÖCV dar (Schwerpunkt »Führer«). Inwiefern der historische ÖCV eine ideologisch und politisch homogene Struktur war oder auch nach 1945 geblieben ist, mag hier offen bleiben. Der Identifizierbarkeit mit dem historischen austrofaschistischen Regime steht jedenfalls keine Relativierung durch eine eigene kritische Aufarbeitung der Geschichte als Organisation entgegen. Auf personelle

Kontinuitäten unmittelbar nach 1945 gibt es Hinweise in der umfassenden Arbeit von Neuhäuser, der für die Zeit ab 2000 eine Renaissance des ÖCV herausstellt (Neuhäuser 2004, 67 f). Nicht zuletzt, betont Neuhäuser, war es ÖCVer Andreas Khol, der der Lagermentalität in ÖVP und ÖCV im Jahr 2001 in einem Kommentar zum Österreichischen Rundfunk Ausdruck gab, indem er meinte, dort wären »einem, immer wenn man den Einschaltknopf betätigt hat, rote Gfrieser entgegen geronnen« (Die Presse, 26.9.2001, zitiert nach Neuhäuser 2004, 85). Der ÖCV unterstützte im Jahr 2002 den Wahlkampf der ÖVP mit der Aktion »propatria 2411«, die nach dem Wahltag am 24. November 2002 benannt war und unter dem Namen »propatria« nach der Wahl bundes- und landesweit fortgeführt wurde (Neuhäuser 2004, 87); »propatria« unterstützte auch den Bundespräsidentschaftswahlkampf von Benita Ferrero-Waldner. Mittlerweile scheint sich ÖCV-intern an den forschen Aktionsformen von »propatria« eine gewisse Kritik zu regen (Mitteilung Stephan Neuhäuser über inhaltliche Trends in diversen ÖCV-Diskussionsforen im Internet).

Abschließend lässt sich sagen, dass uns das männliche Subjekt des Austrofaschismus im Rechtssystem als auf Grund seines Geschlechtes bevorrechtetes Subjekt in den normativen Zusammenhängen der Doppelverdiener-Verordnung und der Non-Verfassung entgegentritt, in Zusammenhängen, die sich aus heutiger Sicht als Verfassungsbrüche in mehrfacher Hinsicht darstellen. Peter Huemer hat am Abschluss seiner grundlegenden Arbeit über die Entstehung der Non-Verfassung 1934 die Frage gestellt, wem das Notverordnungsregime genützt, wessen Interessen es vertreten habe. Huemer hat die Frage nach dem Klassencharakter des Notverordnungsregimes zumindest in Andeutungen beantwortet. So führt er eine Wortmeldung des Kommerzialrats Karl Plaß, des Präsidenten der Kaufmannschaft, auf einer Nebenveranstaltung des Katholikentages am 8. September 1933 an. Plaß »begrüßte [...] die parlamentslose Zeit, denn in dieser Zeit seien die wichtigsten Forderungen der Kaufmannschaft erfüllt worden« (zitiert nach Huemer 1975, 322). Wenn wir uns auf die Suche nach dem männlichen Subjekt des Austrofaschismus machen, finden wir den »Führer Bundeskanzler Dollfuß«, männliche Kleriker und die »Helden der Ostmark«, aber eben auch den »Berufsbürger« Kommerzialrat Plaß.

Peter Lhotzky und Stephan Neuhäuser danke ich für Gespräche und Quellenhinweise. Brigitte Lehmann danke ich für das Gleiche, zudem für editorische Zuwendung und Geduld.

Anmerkungen

1 In eine umfassende Betrachtung wäre nicht nur ein Vergleich der österreichischen Regierungsverordnungen für den öffentlichen Dienst des Bundes mit der NS-Gesetzgebung, sondern auch der öffentliche Dienst der Länder und Gemeinden mit seinem sehr unübersichtlichen Dienstrecht einzubeziehen.
2 Diese Zeitzeugin hatte in den dreißiger Jahren an einem Wiener Gymnasium unterrichtet; sie war nicht verheiratet. Das Interview fand Mitte der achtziger Jahre statt.
3 Artikel 3 des Staatsgrundgesetzes vom 21. Dezember 1867, RGBl. Nr 142, über die allgemeinen Rechte der Staatsbürger für die im Reichsrate vertretenen Königreiche und Länder lautete »Die öffentlichen Ämter sind für alle Staatsbürger gleich zugänglich«.
4 Vgl etwa Art 1 StGG 1867 über die allgemeinen Rechte der Staatsbürger: »Das Gesetz bestimmt, unter welchen Bedingungen das österreichische Staatsbürgerrecht erworben, ausgeübt und verloren wird«.
5 zitiert nach einem Dokument auf der Website der ÖVP, oevp.at ; siehe auch die Site des Konvents, konvet.gv.at, mit einer mittlerweile vollständigen Dokumentation der Konventsmaterialien.
6 Der Entwurf war zum Zeitpunkt der Endredaktion noch auf der Konvents-Website zu finden.

7   Österreich Konvent, Bericht des Ausschusses 4 – Grundrechtskatalog 3.6.2004; http://www.konvent.gv.at/pls/portal/docs/page/K/DE/AUB-K/AUB-K_00010/imfname_021839.pdf

8   Die staatsrechtliche Kontroverse zwischen Christlich-Sozialen und Sozialdemokratie über Zentralismus und Föderalismus steht an den Ursprüngen der Ersten Republik. Die Christlich-Sozialen hielten daran fest, dass die Republik durch Beitrittserklärungen der ehemaligen Länder der Monarchie zustande gekommen sei, nachdem die das österreichische Staatsgebiet durch die Nationalversammlung festgelegt worden war, und nicht durch die Nationalversammlung selbst (siehe dazu Bei 2004, 188 f mwH).

9   Das Buch erschien 1938 unter dem Pseudonym Georg Wieser im Pariser Exil und wurde in Österreich weder vertrieben noch neu aufgelegt.

10 Die KDHÖ war ein 1930 gegründeter Sammel- bzw Dachverband katholischer und deutschnationaler Korporationen, der den vom austrofaschistischen Staat aufgelösten, ursprünglich 1919 gegründeten Dachverband »Deutsche Studentenschaft« ersetzen sollte.

11 Otto Ender (Austria, Innsbruck; Norica Wien), der seit seiner Tätigkeit als Landeshauptmann von Vorarlberg (1918 bis 1930) zahlreiche politische Ämter innehatte, als Mitautor der Non-Verfassung bekannt ist und von 1934 bis 1938 Präsident des Rechnungshofes war (Rechnungshofgesetz BGBl II 1934/187, im Rahmen der Verfassungsüberleitung 1945 aufgehoben). In den Jahren 1918 bis 1920 vertrat Ender den Anschluss Vorarlbergs an die Schweiz.

12 Die Frage, ob bzw in wie weit Dollfuß die Reden selbst formuliert hatte, bleibt offen.

13 Im Oktober 2005 hatte der Verfassungsgerichtshof mehrere Bestimmungen des Teilpensionsgesetzes aufgehoben. Das Teilpensionsgesetz war 1997 im Rahmen des Ersten Budgetbegleitgesetzes, eines Sammelgesetzes, ergangen. Dieser kritikwürdigen, weil wenig transparenten legistischen Technik bedienten sich die SPÖ-ÖVP-Koalitionsregierungen in den neunziger Jahren, um dem budgetären Austeritätszwang zu folgen («»Sparpakete«). Das Motiv war, »durch die Einführung von Ruhensbestimmungen in von

Bundesmitteln gespeisten Pensionssystemen [...] Frühpensionsbeziehern, die daneben Erwerbseinkünfte über eine bestimmte Höhe hinaus erzielen, die Pensionsleistung angemessen« zu kürzen. Die betreffenden Bestimmungen waren 2001, 2003 und 2004 ergänzt worden, um eine erhebliche Anzahl von BeamtInnen in den Vorruhestand überführen zu können. Der Verfassungsgerichtshof erachtete Ruhensbestimmungen für BeamtInnen als verfassungswidrig und hob sie auf (G 67/05 ua 14.10.2005), weil sie öffentliches Entgelt und keine Versorgungsleistung darstellten; die Kürzung dieses Entgelts allein aufgrund des Umstandes, dass neben der Pension ein Erwerbseinkommen bezogen wird, sei sachfremd und daher gleichheitswidrig .

14 Wirtschaftsklasse »Öffentliche Verwaltung, Landesverteidigung, Sozialversicherung«; Hauptverband der Sozialversicherungsträger, Statistische Daten aus der Sozialversicherung, Beschäftigte in Österreich; Statistische Taschenbücher der Wiener Arbeiterkammer 2000, 131 f, und 2005, 144 f.

Literatur (Auswahl)

Ludwig K. Adamovich / Bernd-Christian Funk / Gerhart Holzinger: Österreichisches Staatsrecht. Band I. Wien/New York (Springer) 1997.

Irene Bandhauer-Schöffmann: Der »Christliche Ständestaat« als Männerstaat? In: Emmerich Tálos / Wolfgang Neugebauer (Hg.): Austrofaschismus. Fünfte, völlig überarbeitete und ergänzte Auflage. Wien (Lit Verlag) 2005, 254 – 281.

Neda Bei: Die Bundesregierung verordnet sich. In: Stephan Neuhäuser (Hrsg): »Wir werden ganze Arbeit leisten...«. Der austrofaschistische Staatsstreich 1934. Neue kritische Texte. Norderstedt (Books on Demand) 2004, 161 – 226.

Klaus Berchtold: Die Verfassungsreform von 1929. Dokumente und Materialien zur Bundes-Verfassungs-Gesetz-Novelle 1929. Teil I. Wien (Braumüller) 1979.

Heinrich Busshoff: Das Dollfuß-Regime in Österreich als geistesgeschichtliches Problem unter besonderer Berücksichtigung der »Schöneren Zukunft« und der »Reichspost« (seit der Mitte des Jahres 1929 bis zur Gründung der »Vaterländischen Front«). Phil. Diss. Würzburg 1964.

Der Führer Bundeskanzler Dr. Dollfuß zum Feste des Wiederaufbaues. 1. Mai 1934. Im Selbstverlag des Österreichischen Bundespressedienstes. Druckerei der Wiener Zeitung oJ.

Festschrift Käthe Leichter = Käthe Leichter zum 100. Geburtstag. Texte zur Frauenpolitik. [Mit einer biographischen und einer editorischen Notiz sowie einer Bibliographie von Eckart Früh und Karl Stubenvoll; Redaktion: Neda Bei]. Wien (Kammer für Arbeiter und Angestellte für Wien) 1995.

Sigmund Freud: Massenpsychologie und Ich-Analyse (1921). In: Alexander Mitscherlich / Angela Richards / James Strachey (Hrsg): Sigmund Freud. Studienausgabe Band IX. Fragen der Gesellschaft – Ursprünge der Religion. Frankfurt/M (S. Fischer) 1974, 61 – 134.

Brigitte Hornyik: Der Konvent und die Frauen. In: juridikum 4/2003, 209 – 213.

Peter Huemer: Sektionschef Robert Hecht und die Zerstörung der Demokratie in Österreich. Eine historisch-politische Studie. Wien (Verlag für Geschichte und Politik) 1975.

Clemens Jabloner: Vom Verfassungskampf zum Österreich-Konvent. In: Nikolaus Dimmel / Josef Schmee (Hrsg): Politische Kultur in Österreich 2000-2005. Wien (Promedia) 2005, 155 – 165.

Gerald John / Nina Weißensteiner: Denn Dein ist das Reich. ÖVP: Das Comeback des Jahres: Nach siebzig Jahren Absenz holt die ÖVP Gott in die Politik zurück. Ist die Kanzlerpartei wirklich fromm oder bloß scheinheilig? In: Falter 51/03, 17.12.2003

Otto Kirchheimer: Die gesetzliche Ordnung des Nationalsozialismus. In: Max Horkheimer: Zur politischen Ökonomie des Faschismus. H. Marcuse, F. Pollock. O. Kirchheimer. [Deutsche Erstausgabe der Vorlesungen der Autoren zum autoritären Staat an der Columbia University New York 1941]. O.A.

Robert Kriechbaumer: Ein vaterländisches Bilderbuch. Propaganda, Selbstinszenierung und Ästhetik der Vaterländischen Front 1933 –

1938. Wien – Köln – Weimar (Böhlau) 2002.

Gerlinde Hauer / Ingrid Moritz: Der unwürdige Umgang mit den Käthe Leichter-Preisen – ein Symbol für die konservative Wende der Frauenpolitik der Bundesregierung. In: Institut für Gewerkschafts- und AK-Geschichte (Hrsg): »Man ist ja schon zufrieden, wenn man arbeiten kann. Käthe Leichter und ihre politische Aktualität. Wien (Mandelbaum) 2003, 105 – 118.

Maria Mesner / Hildegard Steger-Mauerhofer (Hrsg): Der Tod der Olympe de Gouges. 200 Jahre Kampf um Gleichberechtigung und Grundrechte. Symposium 2. – 4. November 1993. Wien (Dr.-Karl-Renner-Institut) 1994.

Wolfgang Neugebauer / Peter Schwarz (Hrsg): Der Wille zum aufrechten Gang. Offenlegung der Rolle des BSA bei der gesellschaftlichen Reintegration ehemaliger Nationalsozialisten. Wien (Czernin Verlag) 2005.

Stephan Neuhäuser: »Wer, wenn nicht wir?« 1934 begann der Aufstieg des CV. In: Ders. (Hrsg): »Wir werden ganze Arbeit leisten...«. Der austrofaschistische Staatsstreich 1934. Neue kritische Texte. Norderstedt (Books on Demand) 2004, 65 – 140.

Ludwig Reichhold: Opposition gegen den autoritären Staat 1934 – 38, Wien 1964.

Kurt Schuschnigg: Geleitwort. In: [Gedruckt im Auftrage des V.-F.-Werkes »Österreichs Jungvolk«] Helden der Ostmark. Wien (Zoller) 1937.

Anton Staudinger: Austrofaschistische »Österreich«-Ideologie. In: Tálos / Neugebauer 2005, 28 – 52.

Emmerich Tálos / Wolfgang Neugebauer (Hg.): Austrofaschismus. Politik Ökonomie – Kultur 1933-1938 = Reihe »Politik und Zeitgeschichte« Band 1. Fünfte, völlig überarbeitete und ergänzte Auflage. Wien (Lit Verlag) 2005.

Georg Wieser: Ein Staat stirbt. Österreich 1934 – 38. Paris (Éditions nouvelles internationales / Internationale Verlags-Anstalt) 1938.

Dieter J. Hecht

Jüdische Frauen im Austrofaschismus

Für eine Standortbestimmung von jüdischen Frauen im Austrofaschismus ist die bisher oft vernachlässigte Darstellung jüdischer Frauen als historisch handelnde Subjekte in den sozio-ökonomischen Veränderungsprozessen der 1920er und 1930er Jahre von Bedeutung. Die vielfältigen Aktivitäten und Identitäten jüdischer Frauen dienen dabei als Ausgangspunkt. Ein wesentliches Element ist die hohe Reziprozität der Beziehungen zwischen jüdischen und nichtjüdischen Frauen bzw. Männern sowie jüdischen und nichtjüdischen Organisationen. Im wissenschaftlichen Diskurs werden jüdische Frauen als Person aber auch nach ihren Aktivitäten häufig verschiedenen Bereichen der allgemeinen (Frauen-)Geschichte zugeordnet. Im Zuge einer Standortbestimmung stellt sich aber die Frage, ob jüdische Geschichte ein eigenes (nationales) Narrativ aufweist oder als Teil der Nationalgeschichtsschreibungen anderer Völker bzw. Staaten zu sehen ist. (Meyer, 2002)

Die Trennung zwischen einem jüdischen und nichtjüdischen Geschichtsnarrativ wird häufig christlichen oder nationalsozialistischen Ideologien zugeschrieben, was die Option eines eigenen (nationalen) Narrativs für jüdische (Frauen-)Geschichte praktisch ausschließt. Damit werden die ideologischen Positionen von nationaljüdischen Frauen bzw. Zionistinnen unwillkürlich ausgeblendet. Doch erst durch die Einbindung verschiedener jüdischer Narrative können Unterschiede und Gemeinsamkeiten zwischen jüdischer und nichtjüdischer Geschichtsschreibung besser sichtbar, die Beziehungen zwischen jüdischen und nichtjüdischen Frauen bzw. Männern erfassbarer und im Sinne der Geschlechtergeschichte übergreifend verständlich gemacht werden. Dieser Diskurs zwischen jüdischer und nichtjüdischer Geschichtsschreibung würde auch zum Abbau von starren Abgrenzungsversuchen verschiedener Disziplinen beitragen. (Frevert, 2002)

Zu Überlegungen einer Standortbestimmung von jüdischen Frauen im Austrofaschismus gehört letztlich auch die Frage – wer ist eine jüdische Frau? Die Definitionen gehen sowohl innerhalb jüdischer religiöser Strömungen als auch im wissenschaftlichen Diskurs weit auseinander. Die Basis bildet in jedem Fall die Halacha, das jüdische Religionsgesetz, die bestimmt, dass Kinder einer jüdischen Mutter bzw. zum Judentum konvertierte Personen Juden sind. Da aber ideologische und zeitbedingte Auslegungsdifferenzen bestehen, wird für den vorliegenden Beitrag eine möglichst weitgefasste Definition übernommen, die von den Herausgeberinnen der Enzyklopädie »Jewish Women in America« geprägt wurde. Denn diese Definition ermöglicht es, einen Zugang zum vielfältigen jüdischen Frauenleben in Österreich bzw. in Europa vor der Shoa zu finden. Die Herausgeberinnen definieren jüdische Frauen folgendermaßen:

> «We accepted as Jewish a woman whose father or mother was a Jew or who was a convert to Judaism, provided that she identified as a Jew or was perceived as such by her contemporaries. When both parents were Jewish, we included some women who rejected their Jewish identity or considered it irrelevant to their lives. Conversion to another religion, a path chosen by a few women in the encyclopedia, was treated as part of a woman's Jewish biography, that is, her explicit rejection of Judaism. Conversion is, after all, an aspect of the modern Jewish experience.»[1]

Unter diesen Prämissen kommt der Identitätsbildung von jüdischen Frauen große Bedeutung zu. Im historischen Kontext basiert jüdische (Frauen-)Identität auf einer ethnischen und/oder religiösen Komponente. Bedingt durch den multinationalen Charakter der Habsburger Monarchie, konnten jüdische Frauen in Österreich am Ende des 19. Jahrhunderts bzw. zu Beginn des 20. Jahrhunderts verschiedene Mehrfachidentitäten entwickeln. (Rozenblit, 2001, 23) Sie sahen sich als religiöse und/oder nationale Jüdinnen, als Österreicherinnen, Feministinnen, Intellektuelle, Liberale, Kommunistinnen, etc. Jede Frau nahm eine bzw. einige dieser Identitäten als wichtiger und andere als nebensächlicher wahr. Prägenden Einfluss besaßen hierbei oft die Familienverhältnisse. Denn bei Herausbildung der Identität ist die Tradierung des sozialen Familienerbes, d.h. akkumulierte Verhaltens- und Einstellungsmuster, Werte, Tabus und Ressourcen der Familie, von großer Bedeutung. (Ziegler, 2000, 56) Unter dem Einfluss innerer und äußerer Faktoren konnten sich diese Selbstdefinitionen im Laufe des Lebens jedoch auch beträchtlich verändern. (Freidenreich, 2002, 134f) Als ein negativ identitätsstiftendes Element, das für jüdische Frauen je nach Lebenssituation mehr die private oder die öffentliche Sphäre beeinflusste, ist schließlich auch der Antisemitismus zu nennen. Seit dem Ende des 19. Jahrhundert durchdrang Antisemitismus alle Gesellschaftsschichten und etablierte sich als »kultureller Code«; er wurde damit zum integralen Bestandteil jüdischen Lebens. (Volkov, 1990, 22f) Trotzdem wird Antisemitismus in der feministischen Geschichtsforschung Österreichs und Deutschlands nur selten thematisiert und noch seltener die Frage nach Antisemitismus von Frauen bzw. dessen vielfältigen Erscheinungsformen gestellt. (Gehmacher, 1994, 131f)

Formen jüdischer Öffentlichkeit

Während der ersten Republik engagierten sich jüdische Frauen in allen kulturellen, wirtschaftlichen und politischen Bereichen. Mit der Zerstörung der Demokratie und der Errichtung der Diktatur durch die Regierung von Engelbert Dollfuß wurden jüdische Frauen aus vielen Bereichen verdrängt, ausgeschlossen und schließlich verfolgt. Sie konnten von der Diskriminierung in verschiedener und/oder mehrfacher Weise berührt werden: als Frau, als politisch Andersdenkende und als Jüdin. Alle (jüdischen) Frauen waren von der gesetzlichen Schlechterstellung von Frauen gegenüber Männern in der Maiverfassung von 1934 und der patriarchalen Restrukturierung der Gesellschaft durch den Rückbau des Sozialstaates betroffen. (Bandhauer-Schöffmann, 2005, 254) Als politisch Andersdenkende litten in linken Parteien organisierte, jüdische Frauen vor allem durch das Verbot der kommunistischen und sozialdemokratischen Partei (1933/34) und die Verfolgung ihrer Mitglieder. Als Jüdinnen wurden sie verstärkt mit Antisemitismus konfrontiert. Denn obwohl das austrofaschistische Regime Antisemitismus offiziell verurteilte, forcierte es denselben durch seine Funktionäre und Organisationen. (Freidenreich, 1991, 186f) Um die Vielfalt jüdischen Frauenlebens in dieser Periode annähernd erfassen zu können, dient nun folgende Kategorisierung: Jüdische Frauen als Mitglieder in nichtjüdischen (Frauen-) Vereinen und in Parteien; Jüdische Frauen in der Israelitischen Kultusgemeinde; Jüdische Frauen als Vertreterinnen jüdischer Vereine in nichtjüdischen Organisationen; Jüdische Frauen in jüdischen (Frauen-) Vereinen und in Parteien. Für jede dieser Kategorien gibt es eine Vielzahl von Beispielen, die hier nur ansatzweise behandelt werden können.

Als erster Einblick in individuelles und/oder organisiertes Engagement jüdischer Frauen soll die Auseinandersetzung mit dem Muttertag dienen. Im katholisch austrofaschistischen Regime wandelte sich die Bedeutung des Muttertags von der Sichtbarmachung der Frauenarbeit zu einer religiösen Erhöhung der Frauen als sich aufopfernde Mütter. 1936 gelang es erstmals, den Muttertag auf einer breiteren Basis, u.a. mittels Einbindung der politischen Führung und einer Ausstellung im Naturhistorischem Museum, öffentlich zu inszenieren.

(Bandhauer-Schöffmann, 2001, 60-63) Einen wichtigen Beitrag leisteten hierbei die Frauenorganisationen der Vaterländischen Front, das Mutterschutzwerk und das Frauenreferat. Letzterem gehörte der Bund Österreichischer Frauenvereine (BÖFV) seit 1935 als eigenständiger Verein an. (Bandhauer-Schöffmann, 2005, 265) Der BÖFV hatte seit seiner Gründung im Jahr 1906 stets auch jüdische Frauen als Mitglieder, z.B. Regine Ulmann (1847-1939 Wien), die sich sowohl in der jüdischen als auch in der allgemeinen Frauenbewegung führend engagierte. (Malleier, 2002, 230-235) Das austrofaschistische Regime tolerierte die Teilnahme jüdischer, bürgerlich orientierter Frauenorganisationen bzw. einzelner Frauen am öffentlichen Leben.

So beteiligte sich auch die österreichische Abteilung der Weltorganisation Zionistischer Frauen (WIZO) unter dem Vorsitz von Sofie Löwenherz (1890-1981 New York) an der öffentlichen Inszenierung des Muttertags im Jahr 1936. Die WIZO gab zu diesem Muttertag anlässlich des 100. Geburtstags von Theodor Herzls Mutter, Jeanette Herzl (1836-1911), ein »Widmungsblatt« heraus. Im Zentrum der Titelseite ist ein Portrait von Jeanette Herzl, gerahmt von einem Ehrenkranz, zu sehen.[2] Eine andere Form der Muttertagsfeier musste Käthe Leichter (1895-1942 KZ Ravensbrück) wählen. Als politisch verfolgtes Mitglied der verbotenen sozialdemokratischen Partei verfasste sie anlässlich des Muttertages 1936 ein illegales Flugblatt »Muttertag?«, in dem sie den Austrofaschismus sowie Sozialabbau und Krieg anprangerte. (Steiner, 1997, 162f)

Frauenbewegung und Politik

Das Engagement jüdischer Frauen als Mitglieder in nichtjüdischen (Frauen-) Vereinen und in Parteien hatte eine lange Tradition. Bezüglich Vereine sei hier etwa auf die Gründung des »Wiener Frauen Erwerbsvereins« (1866) verwiesen.

(Steines/Weinstein, 1997; Malleier, 2002, 235) Häufig gelangten Frauen über ihr soziales Engagement in die (bürgerliche) Frauenbewegung, wie z.B. den Allgemeinen Österreichischen Frauenverein (AÖFV) oder den BÖFV, und in weiterer Folge in die Politik. (Anderson, 1992) Als Beispiel sei hier Therese Schlesinger-Eckstein (1863-1940 Blois) angeführt, die zunächst im AÖFV tätig war und sich schließlich für die (Frauen-) Arbeit in der sozialdemokratischen Arbeiterpartei (SDAP) entschied. (Tichy, 1997, 83-85; Hauch, 1995) Die SDAP und die kommunistische Partei (KPÖ) besaßen für viele jüdische Frauen aufgrund ihrer egalitären Ideologie und der formalen Ablehnung des Antisemitismus hohe Attraktivität. Die meisten jüdischen Frauen, die in der SDAP und KPÖ bzw. ihren Teilorganisationen arbeiteten, sahen sich als Sozialdemokratinnen bzw. Kommunistinnen, wie z.B. Marie Jahoda (1907-2001 London) und Marie Langer (1910-1987 Buenos Aires). Ihr Judentum war ein Teil aber nicht zentraler Bestandteil ihrer Identität. (Jahoda, 1997; Langer, 1986)

Die Realität in der sozialistischen und kommunistischen Partei stimmte mit der offiziellen Ideologie jedoch meist nicht überein. So gab es sowohl Ungleichheit zwischen Frauen und Männern als auch Antisemitismus. (Embacher, 1991, 71f; Lichtblau, 1997) Jüdische Mitglieder der KPÖ und der SDAP hatten nach dem Verbot ihrer Parteien unter den Verfolgungen des austrofaschistischen Regimes zu leiden, sie wurden diskriminiert und verhaftet. Manche arbeiteten in der Illegalität weiter, einige emigrierten.[3] Manchmal erfolgte die Politisierung jüdischer Frauen und ihr daraus folgendes Engagement für den Widerstand auch indirekt über die Verfolgung von Familienangehörigen; so beispielsweise bei Elisabeth Freundlich (1906-2001 Wien). Ihr Vater, Jacques Freundlich, war Präsident der Arbeiter-Zentral-Bank und wurde 1934 verhaftet. Elisabeth Freundlich pendelte von 1934 bis 1938 zwischen Wien und Paris. Sie unterstützte die kommunistische Partei und engagierte sich in der Friedensbewegung. (Freundlich, 1992)

Ein gewisser Egalitarismus war für viele jüdische Frauen auch ein Anreiz gewesen, sich in der interkonfessionellen (bürgerlichen) Frauenbewegung zu engagieren. Die führende Mitarbeit jüdischer Frauen änderte aber nichts an der Verbreitung von Antisemitismus in diesen Vereinen. Die Frauenorganisationen waren zwar bereit, jüdische Frauen innerhalb der Frauenbewegung und ihrer Organisation zu akzeptieren, jedoch nur unter Preisgabe ihrer jüdischen Identität. (Kaplan, 1981, 75; Bereswill/Wagner 1998, 61f) Die größte interkonfessionelle österreichische Frauenorganisation war der Bund österreichischer Frauenvereine. Obwohl sich jüdische Frauen, wie z.B. Regine Ulmann, eine Mitbegründerin des »Mädchen-Unterstützungs-Vereins« (gegründet 1874) und führende Mitarbeiterin von Marianne Hainisch, im BÖFV engagierten, kam es innerhalb des Vereines zu offenem Antisemitismus. (Malleier, 2002, 218-220) Antisemitismus gab es aber auch im AÖFV, z.B. im Zuge der Diskussion um die Nachfolge von Auguste Fickert, wobei die führende Mitarbeit von jüdischen Frauen, wie Leopoldine Kulka (1872-1920), verhindert werden sollte. (Hacker, 1996) Ein prominentes Beispiel für Antisemitismus in der Frauenbewegung ist ein Aufruf von Herta von Sprung, der späteren Vorsitzenden des BÖFV, im Jahr 1919, wo sie österreichische Frauenvereine aufrief, »sich gegen das Eindringen der ›volksfremden‹ Elemente unter den Frauen zur Wehr [zu] setzen.«[4] Als Reaktion traten jüdische Frauen und Vereine aus dem BÖFV aus. Regine Ulmann verblieb jedoch im BÖFV. (Hecht, 2005, 132)

Regine Ulmann blieb im BÖFV auch während des Austrofaschismus. Als Dank für ihre Arbeit erhielt sie 1937 – anlässlich ihres 90. Geburtstages – das goldene Verdienstzeichen des österreichischen Verdienstordens. (Malleier, 2002, 238) Die Auszeichnung der Jüdin Regine Ulmann galt somit weniger ihren Leistungen, sondern eher ihrem regimetreuen Verhalten sowie jenem des BÖFV. Denn die Versuche des BÖFV, bürgerliche Fraueninteressen während des Austrofaschismus gemeinsam mit dem Frauenreferat der Vaterländischen Front weiterhin zu thematisieren und durchzusetzen, hatten nur geringen Erfolg. (Bandhauer-Schöffmann, 2005, 267) Der Weiterbestand und die problemlose Einbindung des BÖFV ins austrofaschistische System liegt wohl im Frauenidealtypus der bürgerlichen österreichischen Frauenbewegung begründet, die sich letztendlich, wie in Deutschland vor dem Nationalsozialismus, über die Eigenschaften loyal, patriotisch und christlich definierte. (Wawrzyn, 1999, 220f) Diese Kriterien schlossen prinzipiell getaufte jüdische Frauen mit ein.

Über getaufte jüdische Frauen, die sich in der Zwischenkriegszeit in interkonfessionellen Frauenvereinen bzw. in Parteien – vor allem der christlichsozialen Partei – engagierten, gibt es allerdings wenige wissenschaftliche Arbeiten. Eine Ausnahme stellt dabei nur Hildegard Burjan (1833-1933) dar. (Hauch, 1995) Die Motive für Konversionen zum Christentum waren vielfältig; als die häufigsten sind berufliche Karriere (bei Männern) und Ehe (bei Frauen) anzusehen. Von der nichtjüdischen Gesellschaft wurden die getauften jüdischen Frauen und Männer meistens weiterhin als Juden wahrgenommen. (Rozenblit, 1988; Freidenreich, 2002) Ehen zwischen zwei Getauften waren – besonders im Bürgertum – keine Seltenheit. (Staudacher, 2004) Zu ihren sozialen Kontakten gehörten, nicht zuletzt aus familiären Gründen, häufig Juden und andere getaufte Juden. Sie bildeten somit eine eigene »Gesellschaftsschicht« – getauft, aber dennoch jüdisch.

Zwischen Sozialarbeit und Politik

Die Kontakte zwischen jüdischen und nichtjüdischen Frauen bestanden während des Austrofaschismus auch auf institutioneller Ebene fort. Eine Sonderform dieser Kontakte stellten von jüdischen Frauen gegründete und geleitete Vereine dar, denen jüdische und christliche Frauen und Männer angehörten. Zu den Bekanntesten zählten die Institutionen von Eugenie Schwarzwald (1872-1940 Zürich), vor allem die Schwarzwald-Mädchenschule, deren Reformpädagogik seit ihrer Gründung im Jahr 1901 eine Pionierleistung in der Mädchenerziehung in Österreich darstellte. Zu den Absolventinnen zählen u.a. Vicky Baum, Anna Freud, Marie Langer und Hilde Spiel. Eugenie Schwarzwald konnte die Mädchenschule und ihre Sozialhilfseinrichtungen nach dem Bürgerkrieg zwar weiter führen, doch Entlassungen und Verhaftungen von politisch links orientierten LehrerInnen und staatliche Subventionskürzungen erschwerten die Arbeit erheblich. Zerstört wurden ihre Einrichtungen erst mit dem Anschluss. (Göllner, 1999)

Von zentraler Bedeutung für interinstitutionelle Zusammenarbeit waren die Israelitische Kultusgemeinde Wien (IKG) und deren formale Einbindung in das Regime. Die Politik der zionistischen Führung der IKG, welche die Anerkennung von Juden als nationale Minderheit forderte, sowie eine daraus resultierende, zunehmende Separierung von der nichtjüdischen Bevölkerungsmehrheit kamen den ideologischen Zielen des austrofaschistischen Regimes entgegen. (Freidenreich, 1991, 193f) Die IKG fungierte aber auch als Dachorganisation aller jüdischen Vereine. Frauenvereine haben im jüdischen Vereinswesen eine lange Tradition und eine wichtige Funktion. Während des 19. und zu Beginn des 20. Jahrhunderts wurden viele Frauenvereine gegründet. Die meisten erfüllten religiöse und soziale Aufgaben, wie die Versorgung von Kindern und GreisInnen. Zwar engagierten sich jüdische Frauen über ihre Vereine auch für feministische, zionistische und politische Anliegen, bei der Mehrheit der jüdischen Frauenvereine handelte es sich aber um traditionelle Vereine mit Sozialarbeit als Arbeitsschwerpunkt. (Hecht, 2002) Ihre Vereinsaktivitäten setzen jüdische Frauen auch während des Austrofaschismus fort, wobei politische und zionistische Tätigkeiten eine Sonderstellung einnahmen, worauf noch näher eingegangen werden wird.

Eine Führungsrolle innerhalb der engagierten jüdischen Frauen kam Sofie Löwenherz zu. Zum einem war sie Vorsitzende der WIZO, der größten zionistischen Frauenorganisation in Österreich, und zum anderen war ihr Mann, Josef Löwenherz, langjähriger Zionist und Amtsdirektor der IKG. Ihre prominente Stellung innerhalb jüdischer Frauenorganisationen und der IKG führte Sofie Löwenherz zur Mitarbeit in der Frauenhilfsaktion »Frauen-Not-Dienst«. Diese Organisation wurde infolge des Bürgerkrieges von Leopoldine Miklas, der Frau des Bundespräsidenten, Ende Februar 1934 gegründet mit der Absicht, eine nationale Frauenhilfsorganisation zu schaffen. Dem Frauen-Not-Dienst gehörten folgende Frauen bzw. Organisationen an: Alma Motzko für die katholische Frauenorganisation Wien, Helene Granitsch für die österreichische Frauenschaft, Marie Hoheisel für den BÖFV, Josefine Capesius für die evangelischen Frauen, Sofie Löwenherz für die soziale Fürsorge der IKG, Maria Peschl für den Christlichen Mütterverein und Anna Konwalina für den Altkatholischen Kirchenverein. Der Frauen-Not-Dienst hatte mehrere Arbeitsbereiche (Sektionen); Sofie Löwenherz leitete die »Kommerzielle Sektion«. Die Zentralstelle des Frauen-Not-Dienstes befand sich in der Rathausstraße 9, 1010 Wien und wurde von Adolfine Hofmann (Bundesstaatlicher Fürsorgerat) geleitet. In allen Wiener Bezirken gab es Beratungsstellen sowie eine Zweigstelle in Wiener Neustadt unter der Leitung von Lotte Poelzl.[5]

Der Frauen-Not-Dienst fungierte als Hilfsorganisation, die im Rahmen staatlich vorgesehener Frauenbetätigungsbereiche Ausspeisungen, Lebensmittelverteilungen, Bekleidungsaktionen, Versorgung von Kinder und Kranken, etc. durchführte.[6] Jede involvierte Frau sollte über die organisierte Arbeit hinaus auch als Individuum eine bedürftige Familie aus eigenen Mitteln unterstützten. Insgesamt waren 1937 rund 1.250 Frauen im Frauen-Not-Dienst involviert.[7] In ideologischer und organisatorischer Hinsicht wurde er, wie auch andere karitative

Frauenhilfsaktionen, vom Frauenreferat der Vaterländischen Front mitgetragen. (Bandhauer-Schöffmann, 2005, 266)

Eine enge ideologische Verbindung mit dem austrofaschistischen Regime wies auch der 1935 gegründete »Legitimistische Jüdische Frauenbund« unter der Leitung von Anna Sommer auf. Dieser Frauenverein setzte sich zum Ziel, zur Verbreitung vaterländischer und jüdischer Gesinnung beizutragen sowie den »Förderungen aller Bestrebungen, die auf legalem Wege die Wiederrichtung der Habsburger Monarchie in Österreich bezwecken«, zu dienen. Die patriarchale Bevormundung von Frauen tritt im Kontext dieses Vereins besonders deutlich hervor, weil der Antrag auf Vereinsgründung von Emil Sommer, dem Vorsitzenden des legitimistischen Bundes jüdischer Frontkämpfer, gestellt wurde.[8]

Zionismus als Selbstbestimmungsversuch

Eine organisierte politische Betätigung jüdischer Frauen innerhalb jüdischer Organisationen erfolgte während des Austrofaschismus vorwiegend im Rahmen von zionistischen Vereinen. Zionistische Aktivitäten wurden von der Regierung als nicht innerstaatliche, politische Aktivitäten toleriert. Dies bedeutete, dass auch die zionistische Arbeiterbewegung, wie z.B. Poale-Zion, weiter arbeiten und an den Kultusgemeindewahlen im Jahr 1936 teilnehmen konnte. Die Sozialdemokraten dagegen waren auch in der IKG verboten. (Freidenreich, 1991, 174f) Ein allgemeines Frauenwahlrecht – eine langjährige Forderung von zionistischen Parteien – gab es in der IKG bis zur ihrer Zerstörung durch die Nationalsozialisten allerdings nicht, auch nicht, nachdem die Zionisten 1932 die Mehrheit errungen hatten. (Hecht, 2002, 281-284) Umso mehr erfüllten zionistische Frauenorganisationen eine wichtige Funktion zur Mobilisierung jüdischer Frauen und der Vertretung ihrer

Interessen. Die größte dieser Organisationen war die WIZO unter dem Vorsitz von Sofie Löwenherz, daneben spielten auch die Frauenorganisationen der Revisionisten »Veref«, der Misrachi Partei und der Jüdischnationalen Partei (seit 1934 Jüdischer Volksbund für Österreich) eine wichtige Rolle. Letztere agierte im Rahmen der zionistischen Bewegung als Judenstaatspartei, die 1935 unter der Leitung von Paula Stricker (1888-1944 KZ Auschwitz), eine eigene Frauenorganisation namens »Deborah« gründete. (Hecht, 2003)

In der zionistischen Bewegung besaßen Frauen seit 1898 das aktive und passive Wahlrecht, dennoch erlangten sie aufgrund patriarchaler Strukturen nur selten führende Positionen. Ein zentrales Argument hierfür war der von Frauen wie von Männern propagierte Wesensunterschied zwischen den Geschlechtern. (Prestel, 1994, 44-47) Die sich fortsetzende Ungleichheit der Geschlechter veranlasste aber führende Zionistinnen, eigene Frauenorganisationen zu gründen. Dennoch dauerte es bis 1920, als mit der WIZO in London die erste internationale zionistische Frauenorganisation ins Leben gerufen wurde. In Österreich gab es zwar seit 1885 zionistische Frauenvereine, die WIZO konstituierte sich aber höchstwahrscheinlich erst 1924. Mit der WIZO-Österreich waren jüdische Frauen in ein internationales Frauennetzwerk eingebunden, das sich sowohl für den Aufbau von Palästinas/Erez Israel als auch für jüdisches Leben in der Diaspora engagierte. Die Arbeitsschwerpunkte lagen in den traditionellen Frauenbereichen Sozialarbeit und Erziehung. Im Rahmen ihrer Tätigkeit betreute die WIZO Heime für Kinder und junge Frauen, Kindergärten, Ausbildungsstätten für Frauen; sie organisierte Bildungsvorträge und Hebräischkurse und sammelte Geld. Mit rund 1.000-1.500 Mitgliedern, kam die WIZO als größte zionistische Frauenorganisation dennoch nie über den Status einer großen jüdischen Einzelfrauenorganisation hinaus. Damit konnte sie nie zur integrativen Kraft für jüdische/zionistische Frauen werden. Die Mehrheit der jüdischen Frauen in Österreich gehörte weiterhin traditionellen Frauenvereinen an. (Hecht, 2003, 91-93)

In Österreich war die zionistische Bewegung während der Zwischenkriegszeit von den bürgerlich, jüdischnational-zionistischen Strömungen dominiert. (Freidenreich, 1991) In ideologischer Hinsicht verkörperte die WIZO eine bürgerliche, sozialorientierte Frauenorganisation, der politisch links- sowie rechtsstehende Frauen angehörten. Letztere schlossen sich in den 30er Jahren jedoch verstärkt den Frauenorganisationen der Revisionisten bzw. der Judenstaatspartei an. Die WIZO-Österreich konnte als bürgerliche Frauenorganisation ihre Tätigkeit während des Austrofaschismus relativ problemlos fortsetzen. Es gelang der WIZO sogar, eine Zeitung zu lancieren. Ab 1935 erschien die Monatszeitung, »Die Jüdische Frau«, die zu einem wichtigen Kommunikationsmittel der jüdischen Frauenbewegung wurde. Die letzte Nummer der WIZO-Zeitung erschien am 10.3.1938.[9] Die Arbeit der WIZO veranschaulicht somit die Interaktion zwischen dem austrofaschistischen Regime und zionistischen Organisationen. Als Teil einer nationalen Bewegung konnte der Zionismus Freiräume schaffen, die seinen AnhängerInnen umfangreiche politische und soziale Aktivitäten in Österreich erlaubten. Gleichzeitig bedeutete Zionismus auch am Aufbau eines neuen Staates und einer damit verbundenen eigenen, nationalen Geschichte mitzuwirken, wodurch die Zionistinnen in ihrer Selbst- und Fremdsicht eine Sonderstellung unter jüdischen Frauen einnahmen.

Zusammenfassung

Die Biografien jüdischer Frauen nahmen während des Austrofaschismus unterschiedliche Verläufe. Aber egal ob sie gegen oder für das neue Regime waren, wurde ihre Position als Nichtchristinnen in einem Staat, der sich als deutsch und christlich definierte, zunehmend prekärer. Deutlich tritt dies im öffentlichen Umgang mit Antisemitismus zu Tage, der einerseits von der Regierung offiziell verurteilt aber andererseits von Regierungsfunktionären instrumentalisiert wurde. Die allgemeine rechtliche Schlechterstellung von Frauen verstärkte den Exklusionsprozess zusätzlich. Jüdische Frauen litten als Individuen und im Rahmen von Organisationen unter Marginalisierung, Verfolgung und Inhaftierung. Besonders betraf dies Mitglieder der verbotenen SDAP und der KPÖ. Im Gegensatz dazu konnten sich politisch, bürgerlich orientierte jüdische Frauen arrangieren, solange sie nicht offen gegen das Regime auftraten.

Als Betätigungsbereich jüdischer Frauen bleiben vor allem jüdische und nichtjüdische Frauenorganisationen in Takt, die im sozialen Bereich arbeiteten. Eine Sonderstellung kam zionistischen Frauenorganisationen zu, die sich über ihre sozialen Aktivitäten hinaus auch politisch engagieren konnten. Die Regierung tolerierte den Zionismus, weil er zu einer Segregation zwischen Juden und Christen führen sollte mit dem Ziel, die jüdische Bevölkerung durch Auswanderung zu dezimieren. Zionistinnen konnten dadurch in einer größeren politischen Vielfalt, wenn auch nicht unter demokratischen Verhältnissen, weiter arbeiten. Die Mehrheit jüdischer Frauen arbeitete in jüdischen Frauenvereinen, die mit der IKG in Verbindung standen, weiter. Sie konnten trotz schwieriger Rahmenbedingungen unter dem Austrofaschismus eine umfangreiche Tätigkeit entwickeln, wodurch sie einen wichtigen Beitrag zum jüdischen Leben in Österreich vor der Vernichtung durch die Nationalsozialisten leisteten.

Anmerkungen

1 Paula Hyman/Deborah Dash Moore Hg., Jewish Women in America. An Historical Encyclopedia, 1, New York/London 1997, XXII.

2   Im Inneren dieser Broschüre wurde ein Brief Herzls an seine Mutter aus dem Jahr 1903 abgedruckt, wo er seine Eltern überaus lobte. »Widmungsblatt der Wizo Oesterreichs anlässlich des 100. Geburtstages von Theodor Herzl's Mutter Jeanette Herzl 1836-1936 Zum Muttertag 1936!«, 4 Seiten.

3   Als Beispiele aus einer umfangreichen Literatur seien hier die Berichte von Irene Fischer und Anna Sussmann erwähnt, in: Erzählte Geschichte, Berichte von Widerstandskämpfern und Verfolgten, Dokumentationsarchiv des österreichischen Widerstandes/Institut für Wissenschaft und Kunst (Hg.), Wien o.J., 113-115, 120-123.

4   Wiener Morgenzeitung, Frauenbeilage, 13.2.1919, 11.

5   Österreichischer Frauen-Not-Dienst, Almanach 1936, Wien 1936, 23-26.

6   Vgl. hierzu die Almanache des Österreichischen Frauen-Not-Diensts für die Jahre 1936, 1937 und 1938.

7   Rundschreiben des Frauen-Not-Dienstes, April 1937. Korrespondenz des jüdischen Frauen-Not-Dienstes, Central Archive of the History of the Jewish People (CAHJP), A/W 2121.

8   WStLA, MAbt. 119, A 32, 5716/35.

9   WIZO. Die Jüdische Frau, 1935-1938; Für die Arbeit der WIZO in den Jahren 1938-1945 vgl. Bericht von Sofie Löwenherz für die WIZO-Exekutive in London, 11.4.1946, CZA, F 49/69.

Literatur

Harriet Anderson, Utopian Feminism. Women's Movements in fin-de-siècle Vienna, New Haven/London 1992.

Irene Bandhauer-Schöffmann, Das Große Mutteropfer. Muttertagsfeiern im »Christlichen Ständestaat«, in: Produkt Muttertag. Zur rituellen Inszenierung eines Festtages, Alexander Boesch/Birgit Bolognese-Leuchtenmüller/Hartwig Knack (Hg.), Wien 2001.

Irene Bandhauer-Schöffmann, Der »Christliche Ständestaat« als Männerstaat? Frauen und Geschlechterpolitik im Austrofaschismus, in: Austrofaschismus. Politik-Ökonomie-Kultur 1933-1938,

Emmerich Tálos/Wolfgang Neugebauer (Hg.), Wien ⁵2005.

Mechthild Bereswill/Leonie Wagner, »Eine rein persönliche Angelegenheit« Antisemitismus und politische Öffentlichkeit als Konfliktfeld im »Bund Deutscher Frauenvereine«, in: Bürgerliche Frauenbewegung und Antisemitismus, Tübingen 1998.

Helga Embacher, Außenseiterinnen: bürgerlich. Jüdisch, intellektuell – links, in: L'Homme, Z.F.G. 2, 2, (1991).

Erzählte Geschichte, Berichte von Widerstandskämpfern und Verfolgten, Dokumentationsarchiv des österreichischen Widerstandes/Institut für Wissenschaft und Kunst (Hg.), Wien o.J.

Harriet Pass Freidenreich, Female, Jewish, Educated. The Lives of Central European University Women, Bloomington 2002.

Harriet Pass Freidenreich, Jewish Politics in Vienna 1918-1938, Bloomington 1991.

Elisabeth Freundlich, Die fahrenden Jahre, Susanne Alge (Hg.), Salzburg 1992.

Ute Frevert, Geschlechtergeschichte: Rück- und Ausblicke, in: Michael Brenner/David Myers Hg., Jüdische Geschichtsschreibung heute. Themen, Positionen, Kontroversen, München 2002.

Johanna Gehmacher, Feministische Geschichtsforschung und die Frage nach Antisemitismus von Frauen, in: Charlotte Kohn-Ley/Ilse Korotin Hg., Der Feministische »Sündenfall«?, Wien 1994.

Renate Göllner, Kein Puppenheim. Genia Schwarzwald und die Emanzipation, Frankfurt 1999.

Hanna Hacker, Wer gewinnt? Wer verliert? Wer tritt aus dem Schatten? Machtkämpfe und Beziehungsstrukturen nach dem Tod der »großen Feministin« Auguste Fickert (1910), in. L'Homme Z.F.G. 7, 1, (1996).

Gabrielle Hauch, Vom Frauenstandpunkt aus. Frauen im Parlament 1919-1933, Wien 1995.

Dieter J. Hecht, Anitta Müller-Cohen (1890-1962). Sozialarbeiterin, Feministin, Politikerin, Zionistin und Journalistin. Ein Beitrag zu jüdischen Frauengeschichte in Österreich 1914-1929, unveröffentliche Diss., Wien 2002.

Dieter J. Hecht, Die Weltkongresse jüdischer Frauen in der Zwischenkriegszeit, Wien 1923, Hamburg 1929, in: Geschlecht

Religion und Engagement. Die jüdischen Frauenbewegungen im deutschsprachigen Raum, Margarete Grandner/Edith Saurer (Hg.), Wien 2005.

Dieter Hecht, Zionistische Frauenorganisationen in Österreich 1918-1938, in: Transversal 4, 1, (2003).

Paula Hyman/Deborah Dash Moore Hg., Jewish Women in America. An Historical Encyclopedia, 1, New York/London 1997.

Marie Jahoda, Ich habe die Welt nicht verändert. Lebenserinnerung einer Pionierin der Sozialforschung, Steffani Engler/Brigitte Hasenjürgen, Frankfurt 1997.

Marion Kaplan, Die jüdische Frauenbewegung in Deutschland. Organisation und Ziele des jüdischen Frauenbundes 1904-1938, Deutsch, Hamburg 1981.

Marie Langer, Von Wien nach Managua, Deutsch, Frankfurt 1986.

Albert Lichtblau, Partizipation und Isolation. Juden in Österreich in den »langen« 20er Jahren, in: Archiv für Sozialgeschichte, 37, (1997).

Käthe Leichter. Leben, Werk und Sterben einer österreichischen Sozialdemokratin, Herbert Steiner (Hg.), Wien ²1997.

Elisabeth Malleier, Jüdische Frauen in Wien 1816-1938 Wohlfahrt – Mädchenbildung – Frauenarbeit, Wien 2003.

Michael Meyer, Streitfragen der zeitgenössischen jüdischen Historiographie, in: Michael Brenner/David Myers Hg., Jüdische Geschichtsschreibung heute, München 2002.

Claudia Prestel, Frauen und die Zionistische Bewegung (1897-1933). Tradition oder Revolution?, in: Historische Zeitschrift, 258, (1994).

Marsha Rozenblit, Juden in Wien 1867-1914. Assimilation und Identität, Deutsch, Wien 1988.

Marsha Rozenblit, Reconstructing a National Identity. The Jews of Habsburg Austria during World War I, Oxford 2001.

Anna Lea Staudacher, Jüdische Konvertiten in Wien 1782-1914, 2 Bde., Frankfurt/Main 2004.

Patrica Steines/Lea Weinstein, Lea, Sara, Rebecca. Lebensbilder jüdischer Frauen aus den letzten 400 Jahren, in: Die Frauen Wiens, Eva Geber/Sonja Rotter/Marietta Schneider (Hg.), Wien 1992.

Marina Tichy, Feminismus und Sozialismus um 1900: Ein empfindliches

Gleichgewicht. Zur Biographie von Therese Schlesinger, in: Die Frauen der Wiener Moderne, Lisa Fischer/Emil Brix (Hg.), Wien 1997.

Shulamit Volkov, Jüdisches Leben und Antisemitismus im 19. und 20. Jahrhundert, München 1990.

Heidemarie Wawrzyn, Vaterland statt Menschenrecht. Formen der Judenfeindschaft in den Frauenbewegungen des Deutschen Kaiserreiches, Marburg 1999.

Widmungsblatt der Wizo Oesterreichs anlässlich des 100. Geburtstages von Theodor Herzl's Mutter Jeanette Herzl 1836-1936 Zum Muttertag 1936!, o.O, o. J.

Meinrad Ziegler, Das soziale Erbe. Eine soziologische Fallstudie über drei Generationen einer Familie, Wien 2000.

Zeitungen und Quellen

Central Archive of the History of the Jewish People (CAHJP), Jerusalem.
Central Zionist Archive (CZA), Jerusalem.
Österreichischer Frauen-Not-Dienst, Almanach 1936-1938, Wien.
Wiener Morgenzeitung, Frauenbeilage, 13.2.1919, Wien.
Wiener Stadt- und Landesarchiv (WStLA), Wien.
WIZO. Die Jüdische Frau, 1935-1938, Wien.

Karin Liebhart

Vom Wesen der Frau

Austrofaschistische Rollenkonzepte und deren Implikationen für aktuelle Geschlechterbilder

Aktuelle gesellschaftspolitische Entwicklungen, wie etwa die vorzugsweise Zuschreibung der Zuständigkeit für die familiärhäusliche Sphäre an den weiblichen Teil der Bevölkerung, sind keineswegs eine österreichische Besonderheit. Tendenzen zu einer Refamilialisierung von Frauen und der Formulierung von Frauenpolitik nicht mehr als eigenständiges Politikfeld sondern als Teilbereich von Familienpolitik finden sich auch in anderen europäischen Staaten (vgl. Liebhart/Petö/Schiffbänker/Stoilova 2003). Zwar scheinen entsprechende politische Tendenzen nicht eindeutig zu sein, wie etwa im Fall Österreichs Kampagnen zur Einbeziehung von Männern in die Hausarbeit bzw. ein relativ hoher Anteil von Frauen in politischen Spitzenpositionen, insbesondere Ministerämtern, suggerieren. Dennoch zielen politische Maßnahmen der letzten Jahre, wie etwa die Einführung des Kinderbetreuungsgeldes für alle Mütter mit Jänner 2002, die einerseits die Mutterrolle idealisiert und andererseits die Versicherungsleistung Karenzgeld ersetzt, auf eine Gesellschaftsordnung, die Reproduktionsarbeit und die Verantwortung für die nächste Generation erneut an den weiblichen Teil der Bevölkerung delegiert. Die Regierungsparteien der »Wende« bezeichneten dies als einen Meilenstein in der österreichischen Familienpolitik (ebd., 421) – beruhend auf konservativen Werten. »Wir vermitteln eine Familien- und Frauenpolitik à la katholische Kirche light«, so charakterisierte die steirische ÖVP-Landesrätin für Bildung, Jugend und Wissenschaft, Kristina Edlinger-Ploier, die Intention ihrer Partei (profil, 9.2.2004, 22).

Eine, mit der zunehmenden Reduktion sozialer Sicherheit und dem steigenden Abbau des Sozialstaates einhergehende, konservative Wende in der Frauen- und Familienpolitik ist in Österreich allerdings nicht erst seit dem Regierungswechsel 2000 zu beobachten, ein Paradigmenwechsel fand bereits in den 1990er Jahren statt (ebd., 418). Er war begleitet von einer Argumentationslinie, die schlechtere Arbeitsmarktchancen und Karrieremöglichkeiten sowie Einkommensnachteile von Frauen meist »familienbedingt« argumentiert und ein konservatives Familienmodell propagiert, das dem männlichen Ernährer eine weibliche Dazuverdienerin gegenüberstellt und damit patriarchale Herrschaftsverhältnisse reproduziert (Rosenberger/Schallert 2000, 251).

Zugrunde liegende geschlechtsspezifische Rollenkonzepte, die für diese Ordnung funktionale Frauen- und Männerbilder prägen, greifen auch auf tradierte politische Kulturmuster zurück, die in modifizierter und aktualisierter Form gegenwärtige gesellschaftspolitische Diskussionen mitgestalten. Analogieschlüsse können zwar mit Sicherheit nicht gezogen werden und eine Gleichsetzung gegenwärtiger Geschlechterpolitik mit Erfahrungen, die Jahrzehnte zurück liegen, wäre eine allzu grobe Vereinfachung. Dennoch kann der Verweis auf strukturelle Ähnlichkeiten mit historischen Perioden, die die politische Kultur der Ersten und auch der Zweiten Republik Österreich immer noch beeinflussen, den genderkritischen Blick auf die auch heutzutage aktuelle Thematik der Familialisierung eines Geschlechts schärfen. So war die konservative Restaurierung der gesellschaftlichen Rolle der Frau unter Berufung auf das familiäre Wohl auch für die Politik des austrofaschistischen, autoritären Ständestaates charakteristisch. Dies bedeutete vor allem auch eine Zurückdrängung emanzipatorischer frauenpolitischer Ansätze in der Ersten Republik (vgl. Veichtlbauer 2002): »Die Zerstörung der parlamentarischen Demokratie führte zum ersten massiven Einbruch in der Geschichte der Frauenbewegung, die bis dahin als linearer Aufstieg zu immer mehr Freiheit und Selbstverwirklichung erlebt worden war« (Schöffmann 1984, 336).

Vorausgeschickt sei, dass die Auseinandersetzung mit den politischen Strukturen und der Ideologie des Austrofaschismus insgesamt in der österreichischen politischen Diskussion lange Zeit als eher unterbelichtet angesehen werden kann. Einen gewissen Bruch mit diesem für die politische Kultur der Zweiten Republik charakteristischen Phänomen stellt wohl die 1984 erstmals erschienene und mittlerweile wieder aufgelegte Publikation von Wolfgang Neugebauer und Emmerich Tálos dar. Der sozialwissenschaftlichen und zeithistorischen Diskussion des Austrofaschismus und seiner Auswirkungen auf die österreichische Gesellschaft steht jedoch nach wie vor keine Enttabuisierung der politischen Auseinandersetzung gegenüber. Dies zeigte sich im Jahr 2004 am Beispiel der kontroversen Debatte um die Einschätzung des austrofaschistischen Politikers und ständestaatlichen Kanzlers Engelbert Dollfuss anlässlich der 70jährigen Wiederkehr seiner Ermordung durch nationalsozialistische Putschisten ebenso wie im Rahmen der Inszenierungen des von der schwarz-blau-orangen Bundesregierung ausgerufenen »Gedankenjahres« 2005, die eine Erinnerung an den Austrofaschismus als prägende Periode der österreichischen Zeitgeschichte nahezu völlig ausblendeten.

Eine detaillierte Analyse austrofaschistischer Frauenpolitik sowie der Organisierung von Frauen im autoritären Ständestaat legte erstmals Irene Schöffmann im bereits genannten Sammelband von Tálos/Neugebauer Mitte der 1980er Jahre vor. Sie wies nach, dass austrofaschistische IdeologInnen und PolitikerInnen mit einem festgelegten Frauenbild operierten, das die katholische Hausfrau und Mutter zur Ikone des Kampfes gegen die drohende Moderne und die Liberalisierung gesellschaftlicher Normen erhob (1984, 317). Das entsprechende Frauenbild war weit weniger flexibel als jenes des Nationalsozialismus, der eine den jeweiligen ökonomischen Erfordernissen entsprechende Frauenideologie propagierte (ebd.).

(Austro)Faschistische Weiblichkeitsbilder konstruieren eine eindeutige Differenz zwischen den Geschlechtern. Sie beziehen sich auf klassisch bürgerliche Vorstellungen des 19. Jahrhunderts, in denen Weiblichkeit als komplementär zur aktiven, rationalen, männlichen Welt der Kultur konzipiert wurde und Frauen das passive, emotionale und als naturnäher eingestufte Gegenmodell zum Mann darstellten. Mussolini fasste diese Differenz 1925 in folgende Worte: »Verlieren wir uns nicht in sinnlosen Diskussionen darüber, ob die Frau ein höheres oder ein niederes Wesen ist, wir stellen fest, dass sie anders ist« (zit. n. Macciochi 1976, 32).

Die »im Namen Gottes, des Allmächtigen« am 1.5.1934, dem »Beginn des der Muttergottes geweihten Monats« (Dollfuß 1934, zit.n. Weber 1935, 223ff.), erlassene Maiverfassung des autoritären Ständestaates, die endgültig ein diktatorisches Regime errichtete, betonte diese Ungleichheit der Geschlechter. Sie hielt fest, das Prinzip gleicher Rechte und Pflichten für Frauen und Männer solle nur so weit gelten, als dies nicht durch Gesetz anders bestimmt sei (Schöffbänker 1984, 333). Der im Dollfußzitat angesprochene Marienkult verweist nicht nur auf das katholische Element als wichtigen Aspekt des Austrofaschismus. Er entspricht auch einer Geschlechterkonstruktion, die Frauen über Berufung auf ihre angebliche seelische Disposition zur Mütterlichkeit bestimmte (vgl. Schöffbänker 1984, 318). »In dem herrschenden kulturellen Klima hatte das Bild der Frau mithin einen recht eng gesteckten Rahmen« (Veichtlbauer 2002, 263), So wurde beispielsweise sogar das Mädchenturnen als Gefährdung der Sitten verpönt (Veichtlbauer 2002, 262). Frauen hatten ihre laut Ideologie gottgegebene Rolle anzunehmen und sich »ihrem Wesen« gemäß bei jeder Tätigkeit und in jedem Beruf mütterlich zu verhalten (Schöffbänker 1984, 319). Frauen, die eine solche Rollenzuschreibung nicht unwidersprochen hinnahmen bzw. verweigerten, etwa indem sie höhere Bildung anstrebten und sich damit ihrer »körperlichen und seelischen Eignung« zur Mutterschaft entfremdeten (Reichspost

6.1.1934, zit.n. Veichtlbauer 2002, 263), wurden als verantwortlich für Ehekrisen und rückläufige Geburtenzahlen und somit für den »Niedergang des Volkes« stigmatisiert. Folgerichtig wurden auch Subventionen für Mädchenmittelschulen gekürzt. Frauen sollten möglichst nur mehr in der Fürsorge und der karitativen Sozialarbeit öffentlich aktiv sein (Schöffbänker 1984, 320, 325), also in jenen Berufen, die mütterlichen Tätigkeiten noch am ehesten entsprachen.

Zwar stand im Zentrum des familienpolitischen Diskurses des autoritären Ständestaates vor allem auch die Propagierung des Kampfes gegen den Geburtenrückgang, Irene Schöffmann bezeichnet diese jedoch als »keineswegs uneingeschränkt pronatalistisch« (1984, 331). Nur die abhängige Ehefrau, insbesondere jene der bürgerlichen Mittelschicht, die »wertvollen Nachwuchs« gebären sollte, wurde symbolisch überhöht und aufgrund ihrer reproduktiven Fähigkeiten scheinbar gesellschaftlich aufgewertet. Sozialpolitische Standards des Roten Wien hingegen wurden systematisch abgewertet, sie standen nicht in Einklang mit den Zielen des Austrofaschismus, da sie »zum Teil einem Nachwuchs zugute kommen, der hemmungslos und verantwortungslos ins Leben gesetzt wurde« (zit.n. Schöffmann 1984, 331). Vor allem »wirtschaftlich stärkere Kreise« sollten auf ihre diesbezügliche Pflicht »dem Staat und Gott gegenüber« hingewiesen werden, ganz im Sinne einer »qualitativen Bevölkerungspolitik« (zit n. ebd., 332). Da man »mit dem aus der Gosse karitativ aufgezogenen Nachwuchs nicht Österreich aufbauen« könne (zit.n. ebd., 331) wurden etwa 1937 Prämien »für erwünschte Kinder« (ebd., 332) an Familienväter gezahlt, die dazugehörigen Mütter erhielten am Muttertag, der als nationales Fest zelebriert wurde (ebd., 318), keine Geldleistungen sondern Diplome und Geschenke, als »Anerkennung und Dank für ihre im Dienste der Familie geleistete Aufbauarbeit« (ebd., 332).

Zwar zeigen sich in austrofaschistischen und nationalsozialistischen Frauenbildern und entsprechenden Politiken durchaus

Parallelen und Konvergenzen, letztere sind aber nicht unbedingt durch eine Politik der Zurückdrängung von Frauen in traditionelle Familienstrukturen gekennzeichnet. Im Gegensatz zum Nationalsozialismus, der trotz Zentrierung auf das Ideal der deutschen Mutter, falls wirtschafts- und machtpolitisch funktional bzw. notwendig, auch neue Freiräume für Frauen eröffnete und ein zum Teil moderneres, jedenfalls aber ambivalenteres Frauenbild »zwischen Opfer und Täterin« (Veichtelbauer 2002, 260) propagierte, beschränkte sich die austrofaschistische Ideologie weitgehend auf das antimoderne Bild der katholischen Ehe- und Hausfrau bzw. insbesondere der Bäuerin als Inbegriff der Hausmutter und »Hüterin des christlichen Familienideals« (ebd., 273; Schöffbänker 1984, 317). So wurde etwa auch über Engelbert Dollfuß' Ehefrau Alwine geschrieben, sie sei »eine junge Bauerntochter, aufgewachsen wie er im Schollengeiste (Weber 1995, 6).

Die Präsidentin der Katholischen Reichsfrauenorganisation Österreichs und spätere Leiterin des Frauenreferats der Vaterländischen Front, Fanny Starhemberg, sah eine besondere Aufgabe der Frau darin, »gegen Auswüchse der modernen Zeit« (zit.n. Schöffbänker 1984, 317) aufzutreten. Der »rückwärtsgewandten und katholisch imprägnierten Ideologie« des Austrofaschismus entspricht ein »unübersehbarer Traditionalismus auch des Frauenbildes« (Veichtbauer 2002, 273). Die Förderung der Ehe ging mit einem weitgehenden Ausschluss von Frauen aus dem Berufsleben einher (Veichtlbauer 2002, 264). Hausarbeit wurde ideologisch aufgewertet, Mütterschulen zur Professionalisierung der Reproduktionsarbeit eingerichtet, der hauswirtschaftliche Unterricht in den Pflichtschulen ausgebaut (Schöffmann 1984, 318) und 1934 das Mutterschutzwerk gegründet. Zugleich erschwerte das so genannte Doppelverdienergesetz 1933 die Berufstätigkeit verheirateter Frauen (ebd., 333). Ebenfalls 1933 wurde der Verkauf empfängnisverhütender Mittel stark eingeschränkt (Klusacek/ Stimmer 1982, 234). Ein Jahr später wurden unter dem Einfluss des Vatikans und der Katholischen Kirche die Scheidungsgesetze und 1937 schließlich die Bestimmungen für den Schwangerschaftsabbruch verschärft (Veichtlbauer 2002, 264) – in Einklang mit dem vom ständestaatlichen Regime mit dem Vatikan abgeschlossenen Konkordat (zur Aktualität dieser Diskussion vgl. u.a. »Relikt des Austrofaschismus«, profil 1.2.1999, 5).

Nicht einmal die Ideen der gemäßigten bürgerlichen Frauenbewegung wurden anerkannt, autoritärer Ständestaat und politischer Katholizismus standen auch ihnen strikt ablehnend gegenüber. Engagierte Frauen, die versuchten, gemäßigt emanzipatorische Forderungen mit der katholischen Lehrmeinung zu verbinden, wurden zumindest angefeindet, meist jedoch auch aus ihren Funktionen entfernt (ebd., 327). Selbst der Versuch, Hausarbeit in den Status von Berufstätigkeit zu heben, somit eine berufsständische Körperschaft (eine Hauswirtschaftskammer) zu errichten und Frauen auf diesem Wege politische Mitspracherechte zu sichern, scheiterte (ebd., 328f.). Mit der Idee einer ständisch organisierten Volksgemeinschaft als »Brücke zwischen bürgerlichen und rechtskonservativen bis faschistischen Strömungen« (Veichtlbauer 2002, 262) lässt sich zwar die Konstruktion getrennter Geschlechtersphären problemlos verknüpfen (vgl. dazu Gehmacher 1998). Sobald es jedoch um politische Rechte für Frauen ging, erwies sich die Ankündigung von Dollfuß, das »neue österreichische Haus« (...) über die Gegensätze des Geschlechtes, des Alters, des Berufes, des Besitzes oder der Bildung hinweg« bauen zu wollen, als Worthülse (zit.n. Weber 1935, 251). Die Periode des Austrofaschismus kann demnach als ein Rückschlag für die österreichische Frauenbewegung gewertet werden: »Eine über die traditionellen Ressorts wie Haushalt und Familie hinausgehende Mobilisierung der Frauen findet im Wesentlichen nicht statt« (Veichtlbauer 2002, 266).

Nicht nur hinsichtlich der Konstruktion von Geschlechterbildern sind gegenwärtig politische und alltagskulturelle

Rückgriffe auf austrofaschistische, ständestaatliche Muster zu bemerken. Die neuerliche Betonung eines Österreichpatriotismus, die im Rahmen der so genannten »Sanktionen« des Jahres 2000 – der Maßnahmen der zu diesem Zeitpunkt 14 anderen EU-Staaten gegen die Einbeziehung einer rechtspopulistischen Partei mit ungeklärtem Verhältnis zum Nationalsozialismus in die Regierung –, in Forderungen nach einem nationalen Schulterschluss mündete, lässt solche Anklänge ebenfalls vermuten. Insbesondere aber im Bereich der Konstruktion eines essentiell weiblichen, als fürsorglich und zur Mutterschaft und Kinderaufzucht qua Natur bestimmten Frauenbildes, das gegenwärtiger Familienpolitik zumindest implizit zugrunde liegt, zeigt sich ein Rekurs auf traditionelle Muster. Diese stehen auch in der Tradition austrofaschistischer Ideologie, gerade auch in ihrem antiemanzipatorisch ausgerichteten Aspekten. Im Zentrum steht erneut das Wohl der Familie, dem sich Frauen tendenziell unterzuordnen haben. »Belohnt« werden sie für ihren Ausstieg aus der Erwerbsarbeitswelt mit einer symbolischen Aufwertung ihrer reproduktiven Fähigkeiten und der Mutterrolle. Dies alles erinnert zumindest entfernt an autoritär-ständestaatliche Ideologie, ist jedoch sicher nicht allein darauf – und auch nicht nur auf tradierte nationalsozialistische Muster – zurückzuführen, wie ein Blick über die Grenzen österreichischer Politik hinaus zeigt. Es handelt sich vielmehr um einen generellen Trend: Die deutsche Politikberaterin und Autorin Gertrud Höhler erklärte etwa Ende der 1990er Jahre in ihrem gemeinsam mit dem Mediziner Michael Koch verfassten und 1999 erschienen Buch »Der veruntreute Sündenfall – Entzweiung oder neues Bündnis« Frauen zu »Zuchtmeisterinnen der Gesellschaft« (zit. n. Format 4/99, 127) und stellte fest, deren Funktion als Hüterinnen der Familie sei »biologisch vorprogrammiert« (ebd., 126). Diskursive Versatzstücke aus der Zeit des Austrofaschismus scheinen an derartige gesellschaftspolitische Annahmen besonders anschlussfähig.

Literatur

Angerer, Ela (1999): Der Mann denkt, die Frau lenkt. In: Format 4/99. 126f.

Dollfuß, Engelbert (1934): Staatsrede an die Bevölkerung Österreichs im Rundfunk am 1. Mai 1934, zit. n. Weber, Edmund (Hg.) (1935): Dollfuß an Österreich. Eines Mannes Wort und Ziel. Wien. 223ff.

Dollfuß, Engelber (1934):, Anläßlich der Huldigung der 50.000 Schulkinder am 1. Mai 1934, zit. n. Weber, Edmund (Hg.) (1935): Dollfuß an Österreich. Eines Mannes Wort und Ziel. Wien. 251.

Gehmacher, Johanna (1998): Völkische Frauenbewegung. Deutschnationale und nationalsozialistische Geschlechterpolitik in Österreich. Wien.

Klusacek, Christine/ Stimmer, Kurt (Hg.) (1982): Dokumentationen zur österreichischen Zeitgeschichte 1928-1938. Wien-München.

Liebhart, Karin/ Petõ, Andrea/ Schiffbänker, Annemarie/ Stoilova, Rumiana (2003): Familienpolitische Maßnahmen in Österreich, Bulgarien und Ungarn. In: ÖZP 2003/04 »Paradimenwechsel des Politischen«. Baden-Baden. 417-427.

Macciochi, Maria-Antonietta (1976): Jungfraurn, Mütter und ein Führer. Frauen im Faschismus. Berlin.

Schöffmann, Irene (1984): Frauenpolitik im Austrofaschismus. In: Tálos, Emmerich/ Neugebauer, Wolfgang (Hg.): »Austrofaschismus«. Beiräge über Politik, Ökonomie und Kultur 1934-1928. Wien. 317-343.

Veichtlbauer, Judith (2002): Fesche Dirndl. Zum Frauenbild in der Österreichischen Wochenschau. In: Achenbach, Michael/ Moser, Karin (Hg.): Österreich in Bild und Ton. Die Filmwochenschau des austrofaschistischen Ständestaates. Filmarchiv Austria. Wien. 259-275.

Weber, Edmund (Hg.) (1935): Dollfuß an Österreich. Eines Mannes Wort und Ziel, Wien.

AutorInnen

Irene Bandhauer-Schöffmann,
Universitätsdozentin für Zeitgeschichte, unterrichtet Geschichte und Gender Studies an der Universität Klagenfurt, Mitarbeit an zahlreichen zeithistorischen Forschungsprojekten, darunter auch zu Frauenleben im Austrofaschismus. 1993-1996 Vertragsassistentin am Institut für Sozial- und Wirtschaftsgeschichte der Universität Linz, 1997-99 Forschungsaufenthalt am Center for Austrian Studies an der University of Minnesota und an der UC Berkeley, 2000-2002 Projektleiterin für die Historikerkommision, 2003 Leiterin der Koordinationsstelle für Frauen- und Geschlechterforschung an der Universität Klagenfurt, unterrichte 2006 im Rahmen eines Fulbright Programms European History an der University of Michigan in Ann Arbor. Jüngste Buchveröffentlichungen: Unternehmerinnen (hg. gem. mit R. Bendl 2000), Entzug und Restitution im Bereich der katholischen Kirche (2004).

Neda Bei,
geboren 1952 in Wien, Ausbildung als Juristin; seit 1989 in der Wiener Arbeiterkammer tätig. Fachliche, theoretische, essayistische und experimentelle Texte; Veröffentlichungen in Anthologien und Zeitschriften; Hörspiele, Fotoarbeiten; www.nedabei.net. Käthe Leichter-Staatspreis 1998 für Arbeiten auf dem Gebiet der Frauenforschung; Österreichisches Literaturstipendium für Literatur 2001/2002.

Dieter J. Hecht,
Historiker; Forschungsschwerpunkte: jüdische Frauengeschichte im 19./20. Jahrhundert, Holocaust, Oral History und Provenienzforschung im Bereich Kunstrestitution. Dissertationsthema: Anita Müller-Cohen (1890-1962) Sozialarbeiterin, Feministin, Politikerin, Zionistin und Journalistin. Ein Beitrag zur jüdischen Frauengeschichte in Österreich 1914-1929, Wien 2002. Publikationen u. a. Die Weltkongresse Jüdischer Frauen in der Zwischenkriegszeit, Wien 1923, Hamburg 1929, in: Geschlecht, Religion

und Engagement. Die jüdische Frauenbewegung im deutschsprachigen Raum, Edith Saurer/Margarete Grandner (Hg.), Wien 2005. Mutterland-Vatersprache Eine Dokumentation des Schicksals ehemaliger ÖsterreicherInnen in Israel, Tel Aviv 2005

Irmtraut Karlsson,
Dr. phil. Psychologin, zehn Jahre lang Unterricht an der Akademie für Sozialarbeit der Stadt Wien und Leitung einer sozialpädagogischen Forschungsstelle. Mitbegründerin und Geschäftsführerin des ersten österreichischen Frauenhauses. Später Präsidentin des Trägervereines der Wiener Frauenhäuser. Nach kurzer Tätigkeit im Kabinett der Staatssekretärin für Frauenfragen, Johanna Dohnal, fünf Jahre als Generalsekretärin der Fraueninternationale in London. 1985 Bundesfrauensekretärin der SPÖ. Ab 1987 Bundesrätin und ab 1993 Abgeordnete zum Nationalrat.
Ab 1999 hauptberuflich Schriftstellerin. Zwei Kriminalromane und eine Sammlung von Kurzkrimis, Sachbuchbeiträge. Für den ersten Krimi Mord am Ring (Edition Pro Mente) Frauenkrimipreis 2002.

Brigitte Lehmann,
Sozialwissenschafterin, Forschungsarbeiten mit Schwerpunkt Frauen und Politik, neue soziale Bewegungen. 1977 Mitbegründerin der Frauenbuchhandlung *Frauenzimmer* in Wien. Universitätslektorin, Zeitschriftenredakteurin und Autorin. Jetzt wissenschaftliche Mitarbeiterin des Vereins für Geschichte der Arbeiterbewegung (VGA) und freiberufliche wissenschaftliche Tätigkeit. Käthe Leichter-Preis 2007.

Karin Liebhart
Geboren 1963, Politologin, Wissenschaftliche Mitarbeiterin am Institut für Politikwissenschaft der Universität Wien. Lektorin an den Instituten für Politikwissenschaft der Universitäten Innsbruck und Wien sowie am Jean Monnet Chair, Politikwissenschaftliches Department, der Comenius Universität Bratislava.
Sekretärin der Gesellschaft für politische Aufklärung / Büro Wien.
Forschungsschwerpunkte: Politisches Gedächtnis, Politische Kulturen und

Identitäten, Politischer Systemvergleich, Europäischer Integrations- und Erweiterungsprozess, Politische Mythen / Symbole / Rituale, Gender Studies.

Siegfried Mattl
Historiker, Leiter des Ludwig Boltzmann-Instituts für Geschichte und Gesellschaft / Cluster Geschichte, Univ. Doz. am Institut für Zeitgeschichte der Universität Wien, Schwerpunkte in Forschung und Lehre zu Geschichte im 20. Jahrhundert, Kultur-, Medien- und Stadtgeschichte. Publikation zuletzt (gem. mit W. Maderthaner u. a.): Die Ära Kreisky und ihre Folgen. Fordismus und Postfordismus in Österreich, Wien 2007